Matthias Pieren

Den Main erradeln

Der Umwelt zuliebe nicht in Folie verpackt.

Impressum

1. Auflage

Satz: Bruno Dorn, Societäts-Verlag
Umschlaggestaltung: Bruno Dorn, Societäts-Verlag
Druck und Verarbeitung: Finidr Printing House
Printed in EU 2023
ISBN 978-3-95542-449-7

Besuchen Sie uns im Internet:
www.societaets-verlag.de

Matthias Pieren

DEN MAIN ERRADELN

Die schönsten Fahrradtouren

Tourenüberblick

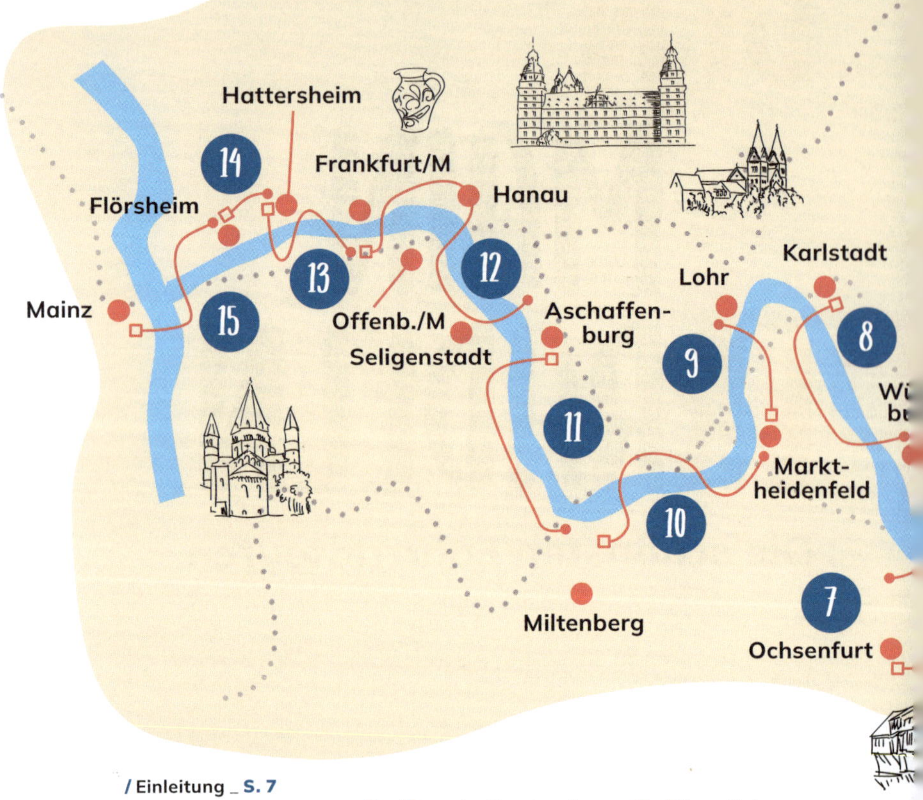

Von Bayreuth über Frankfurt nach Mainz

74

EINLEITUNG

Wie so oft im Leben, ist auch beim Blick auf den Main die Perspektive ganz entscheidend: Für die im Rhein-Main-Gebiet lebenden Menschen ist »ihr« Main der hessischste aller Flüsse überhaupt – schließlich ist er sogar namens(mit)gebend für die Metropolregion Frankfurt-Rhein-Main.

Doch strömen seine Wasser lediglich auf den letzten 75 Kilometern von Seligenstadt durch hessische Lande und Städte bis zur Mainspitze. Dort, gegenüber der rheinland-pfälzischen Landeshauptstadt Mainz, vereinen sie sich mit dem Rheinwasser und fließen gemeinsam als stolzer Strom gen Nordsee. Für die Menschen in Franken ist der Main identitätsstiftend.

Seit nunmehr 200 Jahren ist mit Mainfranken eine ganze Region nach dem Fluss benannt – Franken sehen im Main folglich »ihren« Fluss. Der allergrößte Teil des längsten Flusses in Deutschland liegt schließlich in ihrem bayerischen Landesteil. Tatsächlich ist der Main der längste Fluss Deutschlands, weil sowohl beide Quellen wie auch die Mündung innerhalb Deutschlands liegen.

Rhein, Donau, Elbe, Oder und Mosel haben zwar einen zum Teil deutlich längeren Flusslauf. Doch entweder entspringen die fünf längeren Flüsse außerhalb der deutschen Grenzen oder sie münden im Ausland ins Meer. Was meist nicht im Blick ist: Auch das Bundesland Baden-Württemberg hat im nördlichsten Zipfel einen Anteil am Main – zumindest am südlichen Ufer bis zur Flussmitte, wo die Landesgrenze zu Bayern verläuft.

Zudem ist der Main mit seinen rund 527 Kilometern Fließstrecke der längste rechte Nebenfluss des Rheins. Seine mäandrierenden (sich windenden) Flussbiegungen haben dem Flusslauf ein charakteristisches Bild auf der Landkarte, vor allem aber in natura gegeben. Zwischen seinen Quellen und der Metropolregion Frankfurt Rhein-Main windet sich der Main zwischen waldreichen, sanft geschwungenen Mittelgebirgen, und auf weiten Strecken flankiert von üppig tragenden Reben in den Weinanbaugebieten.

Wunderbar lässt sich der Main von den beiden Quellgebieten im Fichtelgebirge und in der Fränkischen Alb bis hin zur Mündung in den Rhein vor den Toren von Mainz vom Sattel eines Fahrrads aus erkunden.

Als im Rhein-Main-Gebiet lebender und arbeitender Journalist war es mir ein Genuss, die Kulturlandschaft entlang der gesamten Lebensader meiner heutigen Heimatregion kennenzulernen. Dazu lädt der perfekt ausgeschilderte Main-Radweg geradezu ein – weil der Premium-Radweg weitgehend autofrei, auf meist asphaltierten Wegen und überwiegend ohne nennenswerte Steigung parallel am Uferstreifen des Mains verläuft.

Unterteilt in 15 Etappen wird beschrieben, was mir Anrainer des Flusses unterwegs über das Leben am Fluss und die Schönheiten der ihn umgebenden Landschaft erzählt haben. Städtebauliche Perlen wie Bayreuth, Bamberg und Würzburg gehören ebenso zu den Etappenorten wie charmante Wein- und Winzerorte entlang des Weges oder die Bankenmetropole Frankfurt. Auch Empfehlungen für die deftige fränkische Küche oder Klassiker der hessischen – speziell Frankfurter – Kost (»Grie Soß«) machen Appetit.

Vom ADFC als 5-Sterne-Qualitätsradroute zertifiziert, überzeugt der Main-Radweg mit einer fast lückenlosen Beschilderung und genügend fahrradfreundlichen Unterkünften. Kurzum: Fahrradtouristisch ist dieser perfekt geeignet. Wir haben aus diesem Grund darauf verzichtet, die An- und Abreise mit der Bahn oder dem Auto zu den jeweiligen Start- und Zielorten zu beschreiben.

Zum einen, weil Radtouristen aus ganz Deutschland und auch dem Ausland am Main unterwegs sind und aus allen Himmelsrichtungen anreisen. Zum anderen sind Tagestouristen hier ebenso unterwegs wie Radreisende mit Packtaschen auf Mehrtagesetappen. Das Schöne an Radurlauben- und Ausflügen ist es, dass sich jede und jeder die Länge ihrer bzw. seiner Tour festlegen kann.

Zwei aufeinander folgende Kurzetappen können problemlos zu einer anspruchsvollen und längeren Tour gekoppelt werden – ganz nach Lust und Laune, Zeit und Kondition. Die 15 Etappen dieses Buches sind deshalb als Anregung gedacht, sich selber eigene Touren in dieser wunderbaren, vom Fluss geprägten Kulturlandschaft »zu stricken«. Die Vielfalt des Flusstales und der Regionen, die der Main und der parallel verlaufende Radweg durchziehen, bieten für jede und jeden etwas.

Lediglich auf der 5. Etappe gilt es, einen knackigen Anstieg von fast 100 Höhenmetern hinauf zur Vogelsburg inmitten der Volkacher Mainschleife zu meistern. Ansonsten sind alle anderen 14 Touren reine Flachetappen, die auch ohne E-Bike problemlos gemeistert werden können.

Freilich bieten sich gerade die Kurzetappen unter 20 Kilometer für Familien mit Kindern an. Am Ende eines jeden Tourentages wird man stets erfüllt feststellen, dass es – egal wo man am Main unterwegs war – von allem etwas zu entdecken, zu genießen und zu bestaunen gab. Dennoch haben wir die 15 Kapitel versucht zu charakterisieren und haben dafür die Rubriken »Ausdauer & Fitness« (■), »Mit Kindern unterwegs« (■), »Kultur, Natur & Genuss« (■) sowie »Für Neugierige & Entdecker« (■) gewählt.

Matthias Pieren im Januar 2023

MAINWIEGE
Kulmbach
Katschenreuth
Main
Gößmannsreuth
A70
Langenstadt
Neudrossenfeld
Main
36 km
38 m
2:20 Stunden
Kultur, Natur & Genuss
Altenplos
Tourverlauf
Heinersreuth
Bayreuth

DIE MARKGRÄFLICHE

Bayreuth – Neudrossenfeld – Main-Zusammenfluss – Kulmbach

Wer dem Ursprung des Mains auf den Grund gehen mag und die Radtour entlang des mehr als 500 Kilometer langen Stroms an seiner Quelle beginnen möchte, steht bereits vor dem Start vor einem Problem. Der Main hat nämlich zwei Quellen und besitzt mit dem Roten und dem Weißen Main gleich zwei Ursprungsarme, die sich westlich von Kulmbach erst zum eigentlichen Main vereinen.

Die Quelle des **Roten Mains** liegt rund 14 Kilometer südlich von **Bayreuth.** Tief versteckt im Wald, erblickt dieser Zweig des Mains auf 581 Höhenmetern oberhalb von Creußen das Licht der Welt. Die Wasser des Weißen Mains hingegen sprudeln nahe des **Ochsenkopfs** auf bald 890 Meter über Normalnull aus dem Granit des Fichtelgebirges.

Die allermeisten Radausflügler wollen wohl eher eine ›genussvolle‹ Fahrradtour entlang des Mains erleben. Dieser Genuss ist garantiert, wenn man sich für einen Tour-Start in Bayreuth entscheidet, wo der Rote Main als kleiner Bachlauf bereits 14 Kilometer durchs Land, über Feld, durch Wald und Wiesen geplätschert ist.

Es lohnt sich, in der wegen ihrer Festspiele weltberühmten Wagner-Stadt ein wenig mehr Zeit einzuplanen. Es empfiehlt sich daher, eine Nacht hier zu verbringen, um zumindest kurz auf den Spuren von **Richard Wagner** wandeln zu können. Das rentiert sich selbst dann, wenn man kein Freund von dessen Musikdramen ist. Ein wenig Kultur kann nie schaden.

Das Haus Wahnfried am Rande des Bayreuther Hofgartens ist das ehemalige Wohnhaus Richard Wagners in den Jahren 1874 bis 1883.

HÖHENPROFIL BAYREUTH → KULMBACH

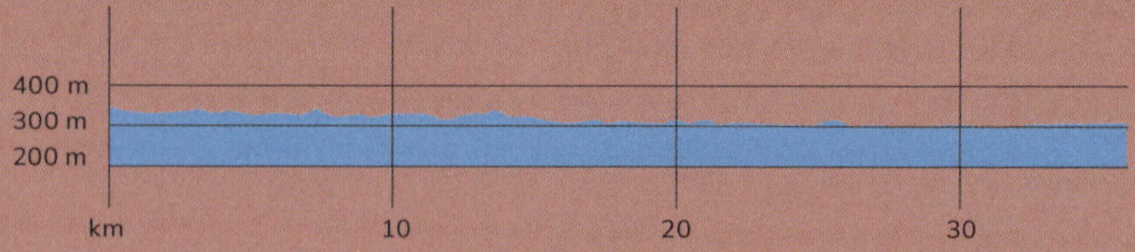

Die Parkanlage Hofgarten im Herzen von Bayreuth ist eine Insel der Ruhe und Erholung.

Die Markgräfin Wilhelmine von Bayreuth war es, die als Tochter des Preußenkönigs Friedrich Wilhelm I. anlässlich der Hochzeit ihrer einzigen Tochter ein Opernhaus erbauen ließ. Seinerzeit war es eines der größten seiner Art nördlich der Alpen. Als besterhaltenes Beispiel für ein freistehendes barockes **Hoftheater** wurde es 2012 als UNESCO-Welterbe geadelt.

Es wurde später Richard Wagner als Festspielort angeboten. Dieser erachtete dieses opulente Bauwerk aber als altmodisch und ließ auf dem Grünen Hügel sein eigenes Festspielhaus erbauen. Ein Wechselspiel von weltlicher Macht, kulturellem Mäzenaten- und Gönnertum sowie die Leistungen des Musikschöpfers prägten Bayreuth seit dem Jahre 1735 (24. Geburtstag von Wilhelmine) mannigfach.

Wir sind schließlich hergekommen, um den Main kennenzulernen, und schicken uns deshalb an, die Festspiel-

HAUS WAHNFRIED — Bayreuth ist heute mit den Festspielen und dem Richard Wagner Museum Epizentrum der weltweiten Wagner-Begeisterung. Wie auch das Festspielhaus ist das Haus Wahnfried mit seiner so bedeutenden wie auch wechselvollen Geschichte ein besonderer deutscher Kult- und Kulturort. Das Haus Wahnfried war in den Jahren 1874 bis 1883 Wohnhaus des Komponisten. Seit 1976 beherbergt es das Richard Wagner Museum. Hier wird die Aura seines Lebens und Schaffens auf eine besondere und authentische Weise ebenso spürbar wie die Ambivalenz der deutschen Geistes- und Kulturgeschichte der letzten 150 Jahre.
→ **www.wagnermuseum.de**

Das Neue Schloss aus dem 18. Jahrhundert im Bayreuther Hofgarten lädt zum Verweilen ein.

1

stadt auf dem Main-Radweg zu verlassen. Doch groß ist die Enttäuschung zu Beginn der Tour: Der Fluss ist in der Stadt zumeist in ein zwanghaftes Betonkorsett eingepfercht und alles andere als schön kanalisiert. Das Radeln auf dem innerstädtisch keinesfalls gut ausgeschilderten Radweg ist – ehrlich gesagt – wahrlich kein Genuss.

Äußerst schade, dass die ersten Kilometer des deutschlandweit bekannten Premium-Radweges stadtauswärts entlang der B85 gelegt wurden anstatt etwas weiter nördlich in die Rotmain-Auen. Die Reize der Auenlandschaft – durch die sich der Rote Main hinter Bayreuth schlängelt – werden uns Radelnden erst zwischen Heinersreuth, Altenplos und Neudrossenfeld zuteil.

Zahlreiche **historische Mühlen** prägen dort die Ufer des Mains, die aber allesamt in Privatbesitz sind. Einmal im Jahr aber – jeweils am Pfingstmontag, dem deutschen Mühlentag – öffnen einige der Mühlenbesitzer ihre Anwesen zur Besichtigung. Auf Infotafeln können wir vor Ort die Bedeutung und Geschichte von neun Mühlen nachlesen. Als bedeutende Zeugen und Identitätsmerkmale der Kulturlandschaft am Roten Main lieferten sie jahrhundertelang die Antriebsenergie für den Betrieb von Getreide-, Pulver- oder Sägemühlen.

In der **Rotmain-Aue** hat sich das zweitgrößte Nagetier der Welt an allen Bach- und Flussbiegungen breitgemacht. Wer genau hinschaut, entdeckt an den Ufern viele Rutschen und Aufstiege, die auf den Lebensraum des Bibers hinweisen. Keine zweite Tierart in Bayern leistet so viel Arbeit für die Artenvielfalt und den Hochwasserschutz wie der Biber.

2

DIE »MARKGRAFENKULTUR« — Markgrafen, Herzöge und Fürstbischöfe entfalteten an ihrem Hof und in ihren Herrschaftsgebieten ein reiches kulturelles Leben. Die Markgrafenkultur ist prägend für die Region und für ganz Nordbayern einmalig. Neben den Mühlen entdeckt man zwischen Bayreuth und Kulmbach zahlreiche Schlösser, Gärten, Prachtbauten, Jagdschlösser, Kirchen, Brücken, Fachwerk, Taubenhäuser sowie Fensterschürze oder Brunnen. Die markgräfliche Kulturregion hat mit dem überregional bekannten UNESCO-Weltkulturerbe Markgräfliches Opernhaus in Bayreuth einen klangvollen Schatz ganz besonderer Bedeutung zu bieten.
→ **www.markgrafenkultur.de**

Die **Gemeinde Neudrossenfeld** entpuppt sich als die große Überraschung der heutigen Etappe. Das dortige **Schloss** weckt bereits aus der Ferne vom Radweg aus unser Interesse. Dass das heute in Privatbesitz befindliche ehemalige Rittergut leider nicht zu besichtigen ist, hat uns aber nicht davon abgehalten, den Ort anzusteuern. Beim Betreten der **Dreifaltigkeitskirche** raubt uns der Anblick barocker Schönheit fast den Atem. Das Gotteshaus gilt gemeinhin als die Perle unter den Markgrafenkirchen im ehemaligen Fürstentum Bayreuth.

FOTO TIPP

Blick von den Mainauen auf das Schloss Neudrossenfeld mit der dahinterliegenden Dreifaltigkeitskirche.

Der **Fränkische Brauereigasthof** in der Ortsmitte des Hauptortes Neudrossenfeld wurde bereits im Jahre 1473 durch die »Concessionierung« des damaligen Markgrafen Albrecht erwähnt. Bis 2008 wurde er von der Brauerfamilie Hölzel bewirtschaftet. Im Jahr darauf kaufte die Gemeinde das gesamte unter Denkmalschutz stehende Anwesen samt Gasthaus und Eishaus und sanierte es umfassend. Gelungen ist mit dem Bräuwerk nicht nur eine topmoderne neue Brauerei, sondern auch die Wiederbelebung eines historischen Brauereigasthofs im Ortskern.

FOTO TIPP

Die evangelische Dreifaltigkeitskirche ist eine barocke Saalkirche in Neudrossenfeld im oberfränkischen Landkreis Kulmbach. Das Kirchenschiff bietet Besuchern und Besucherinnen eine ganz besondere Einkehr.

Auf unserem weiteren Weg durch **Langenstadt, Ober- und Unterzettlitz** sowie **Katschenreuth** hin zum Main-Zusammenfluss entdecken wir viele historische Gebäude, Gärten und Zeugnisse aus der Markgrafenzeit des 18. Jahrhunderts. Rund fünf Kilometer hinter Oberzettlitz erreichen wir den sogenannten **Main-Zusammenfluss.**

DER 50. BREITENGRAD — Neudrossenfeld ist Mitglied im prominenten Club der »Fünfziger«. Diesem gehören all jene Orte und Städte weltweit an, die auf dem 50. Breitengrad liegen. Auch Prag, Vancouver oder Kiew gehören wegen ihrer geographischen Lage auf dem 50. Breitengrad dazu. Dieser durchzieht die Nordhalbkugel auf 25.339 Kilometern. Die Ortsmitte des Hauptortes weist die exakten Koordinaten 50.0183416 (Breitengrad) und 11.5011482 (Längengrad) aus. Der eigentliche 50. Breitengrad verläuft durch den Weiler Aichen, einen der 28 Ortsteile der Gesamtgemeinde.

Direkt unter dem modernen Brückenbau fließen die Wasser des Roten Mains mit denen des Weißen Mains (mehr im 2. Kapitel) zusammen und bilden ab hier den eigentlichen Main, den wichtigsten rechten Nebenfluss des Rheins. Die Menschen der Region nennen diesen Punkt charmant einfach auch »Mainwiege«.

Auf den nun folgenden 490 Kilometern verbindet der Main-Radweg so namhafte Städte wie Bamberg, Schweinfurt, Würzburg, Miltenberg und Frankfurt. Es gibt also auch auf den weiteren Etappen in diesem Buch viel zu entdecken. Da hier am Main-Zusammenfluss natürlich kein Quartier zu finden ist, ist es sinnvoller, entlang des Weißen Mains fünf Kilometer stromaufwärts weiter nach **Kulmbach** zu radeln, um dort nach einer Übernachtungsmöglichkeit zu schauen. Und wer möchte, kann natürlich direkt mit der zweiten Tour anschließen, die in Kulmbach startet.

3

Den Zusammenfluss von Rotem und Weißem Main vor den Toren von Kulmbach nennt man auch Mainwiege.

Hotel / Pension / Unterkunft:
KU Hotel (modernes Hotel ohne Rezeption)
Dorfberg 7, 95326 Kulmbach, Tel.: 08261-769539
www.ku-hotel.de

Gaststätte / Restaurant / Einkehr:
»Zum Petz« (traditionelles Wirtshaus mit fränkischer Küche)
Langgasse 3, 95326 Kulmbach, Tel.: 09221-2531

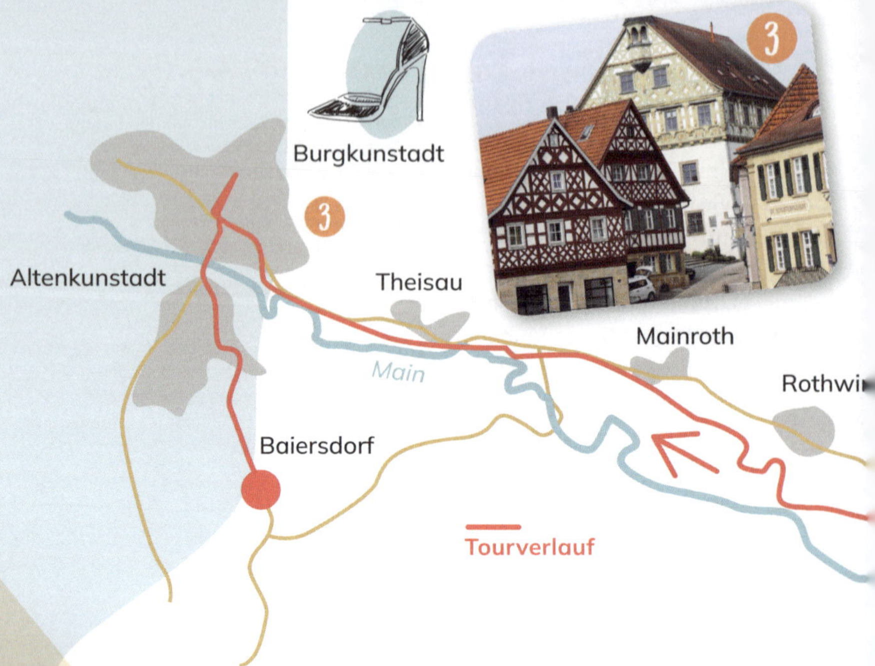

26 km
10 Höhenmeter
1:40 Stunden
Kultur, Natur & Genuss

LEBENSMITTEL & LEDER

Kulmbach – Burgkunstadt – Baiersdorf

Hatten wir den Start der ersten Etappe entlang des Roten Mains in die Festspielstadt Bayreuth gelegt, so beginnt die Tour heute am Weißen Main in der Markgrafenstadt Kulmbach. Den Auftakt der Radtour an die Quelle des Weißen Mains auf 887 Höhenmeter am Osthang des Ochsenkopfs (1.024 m) in den Höhenlagen des Fichtelgebirges zu legen, werden sich lediglich gut trainierte Mountainbiker vornehmen.

Dennoch lohnt sich an dieser Stelle ein kleiner Exkurs zur Quelle des Weißen Mains: Der in Frankfurt geborene Johann Wolfgang von Goethe wollte einst die Quelle des Flusses kennenlernen, der seine Geburts- und Heimatstadt Frankfurt (am Main) durchzieht. Doch als sich der große deutsche Dichter und Denker im Jahre 1785 dort oben am Ursprung des Mains wähnte, stand er mit seinen Reisebegleitern irrigerweise an der drei Kilome-

Im Bayerischen Brauerei-Museum werden historische wie auch moderne Beispiele der Bier-Werbung gezeigt.

HÖHENPROFIL KULMBACH → BAIERSDORF

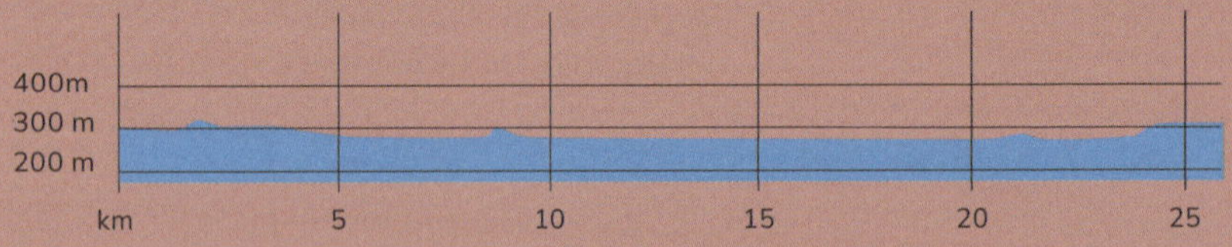

Die Plassenburg thront majestätisch über der Altstadt von Kulmbach.

ter entfernt gelegenen Quelle des Paschenbaches – wie sich aber erst später herausstellte.

Als Genussradelnde starten wir unsere Radtour entlang des Weißen Mains also weitaus tiefer gelegen in Kulmbach auf 296 Höhenmetern. Wie bereits im ersten Kapitel in Bayreuth vorgeschlagen, reist man sinniger Weise auch beim Start in Kulmbach am Vorabend an. In **Kulmbach** ist das weniger aus kulturellen, wohl aber aus kulinarischen Gründen ein Volltreffer.

Zum einen perlt der Name der Markgrafenstadt wie frisch gezapftes Gerstengold über die Zunge, sobald man ihn ausspricht – weil die hiesige Brautradition zu Recht Weltruf erlangt hat. Seit mehr als 600 Jahren wird zu Füßen der **Plassenburg,** eines der größten und berühmtesten Bauwerke aus der Zeit der Renaissance in Deutschland, im traditionsreichen Kulmbacher **Mönchshof** fränkische Brautradition gepflegt.

Wer weiß denn heute noch, dass der Ursprung des bayerischen Nationalgetränkes bei den Ägyptern lag und diese Kunst von den Römern und Kelten verfeinert wurde.

Im Bayerischen Bäckereimuseum fasziniert diese Rekonstruktion eines Tante-Emma-Bäckerladens.

Zu Land über die legendäre Seidenstraße und zu Wasser machen sich die Gewürze auf den Weg ins Abendland.

2 **DREI MUSEEN IM KULMBACHER MÖNCHSHOF** — Auf dem Areal der historischen Brauerei sind das Bayerische Brauereimuseum, das Deutsche Gewürzmuseum und das Deutsche Bäckereimuseum beheimatet. Das Museumsensemble ist ein kulturhistorisches Schaufenster im Lebensmittelstandort Kulmbach, wo sich längst auch Institute und Forschungseinrichtungen der Lebensmittelindustrie angesiedelt haben. Alleine im Brauereimuseum wird man als Besucher auf einer Ausstellungsfläche von über 3.000 Quadratmetern in die Geschichte und die Kunst des Bierbrauens eingeführt. Seit Jahrtausenden wird das flüssige Gold gebraut.
→ **www.kulmbacher-moenchshof.de**

Veredelt wurde das Bierbrauen dann durch Mönche – eben auch in Kulmbach. Um das Kult- und Kulturgetränk der Bayern richtig kennenzulernen, ist für den Einstieg einer mehrtägigen Radtour entlang des Mains quer durch das Frankenland das **Brauereimuseum** des Mönchshofes womöglich der beste Ort.

»Heute back' ich, morgen brau' ich« – so wie im Märchen Rumpelstilzchen das Backen und Brauen zusammengehören, so kann man sich beim Besuch des »Kulmbacher Mönchshofes« neben dem Brauen auch ausgiebig, intensiv und unterhaltsam über das Thema Backen informieren. Von der Aussaat des Korns bis zum Brot und vom alten Ägypten bis in die Moderne gilt die Dankbarkeit für »unser tägliches Brot«.

Zu guter Letzt lohnt sich auch die Anmeldung beim **Museumspädagogischen Zentrum** der Museen im Kulmbacher Mönchshof für einen **Kochkurs** bei Kloßspezialistin Kerstin Rentsch, bei dem die Teilnehmenden gleich zehn beliebte Kloßvariationen aus Thüringen und Oberfranken kennenlernen. Was wäre der Sonntagsbraten in Franken ohne leckere Klöße? Wohl eher ein langweiliges und geschmacksfades Allerlei!

Anleitungen für richtige Semmelknödel, Hefeklöße, einfache »Wochentagsklöße« aus Kartoffeln, aber auch Thüringer Klöße gibt's in einem ihrer Kochkurse. Nach getaner Arbeit setzen sich schließlich alle Teilnehmerinnen und Teilnehmer gemeinsam an den Tisch, um üppig zu speisen. Zu den Klößen wird Sauerbraten vom Hochlandrind – natürlich in Bio-Qualität – gereicht. Guten Appetit.

Weiter oben, in der Plassenburg, der hoch über der Altstadt mit ihren Bürgerhäusern aus der Renaissance und dem Barock gelegenen einstigen Hohenzollernfestung, thront das eigentliche Wahrzeichen der Stadt und öffnet die Tore zu vier weiteren Museen. Abwechslungsreiche Sammlungen bieten geschichtsinteressierten Radlern spannende Informationen zur Geschichte der Burg, der Stadt und der Region.

Und dann ist da ja noch der heute wohl berühmteste »Sohn der Stadt«. Zwar ist Kulmbach nicht die Geburtsstadt des Fernseh-Entertainers Thomas Gottschalk, wie es ab und an fälschlicherweise heißt. Dieser wurde 1950 in Bamberg geboren. Da er jedoch in Kulmbach aufgewachsen ist und seine Eltern bis zu ihrem Tod in der Stadt lebten, spricht man in Kulmbach gerne davon, dass Gottschalk einer der berühmtesten Söhne der Stadt sei.

Kerstin Rentsch bietet im Museumspädagogischen Zentrum der Museen im Kulmbacher Mönchshof Kloß-Kochkurse an.

Die katholische Pfarrkirche »Zu Unserer Lieben Frau« von der Plassenburg aus fotografiert.

Bis zum Main-Zusammenfluss winden sich der Rote und der Weiße Main als kleine Bäche durchs Frankenland. Anfang Mai kommt hier das erste Grün am Uferrand hervor.

Den Zusammenfluss von Rotem und Weißem Main vor den Toren von Kulmbach nennt man auch Mainwiege: Von hier aus strömen größere Wassermengen dem 70 Kilometer entfernt gelegenen Bamberg entgegen.

1972 zog »Tommy« Gottschalk nach seinem Abitur schließlich aus, startete seine Medien-Karriere und begann, die deutsche Fernsehwelt zu beglücken. Heimatverbunden, wie er ist, hat er sein Elternhaus »Am Galgenberg« aber nicht verkauft, selbst wenn niemand mehr darin wohnt. Wer diese Stippvisite noch mit ins Tourenprogramm aufgenommen hat, kann von hier aus geschwind mit dem Fahrrad über die Melkendorfer Straße (Staatsstraße 2190) eben in jenen Stadtteil an den Ufern des Weißen Mains radeln.

DIE BRÜCKE AM MAIN-ZUSAMMENFLUSS — Lange Jahre führte der Main-Zusammenfluss ein verstecktes Dasein. Touristen fanden kaum den Weg dorthin, selbst für Einheimische hatte dieser Punkt keinerlei Bedeutung. Erst mit dem Neubau der neuen Mainbrücke wurde es möglich, vom Rotmain-Radweg direkt auf den von Kulmbach kommenden eigentlichen Main-Radweg zu wechseln. Im Jahr 2008 wurde mit dem Brückenneubau der bedeutende Markstein für den gesamten Flusslauf des Mains gesetzt: Für die Menschen in Oberfranken ist er ein Identifikationsort und für Radtouristen ein wichtiger Orientierungspunkt auf ihrem Weg hin zur Mündung des Mains in den Rhein.

Am westlichen Ortsrand überqueren wir den Weißen Main und stoßen alsbald auf den vom Main-Zusammenfluss kommenden Radweg. Noch ein paar Informationen

Das historische Ensemble mit Schustermuseum (rechts) und Rathaus in Burgkunstadt.

zur eigentlichen Geburtswiege des von nun an ›vereinigten‹ Mains.

Nahe **Mainleus** und bei **Wilmersreuth** queren wir den nun munteren Strom gleich zweimal auf einer überdachten Holzbrücke. Danach macht das Radeln richtig Spaß, wir durchqueren die dortige Auenlandschaft und sehen die Ortschaften **Rothwind** und **Mainroth** nur aus der Ferne. Einzig die Züge auf der nahen Bahnstrecke stören ein wenig die Ruhe.

Im Quartier »Fränkischer Hof« in Baiersdorf wird fränkische Küche nach Oma Ellis Kochbuch serviert.

Als wir dann das Ortseingangsschild von **Burgkunstadt** passieren, ist uns sofort eine Erinnerung im Sinn. Die einstige Postleitzahl 8622 für den Ort klingt bei vielen nicht mehr ganz jungen Semestern nach wie vor im Ohr, auch wenn es schon lange, lange Jahre keine vierstelligen Postleitzahlen für deutsche Städte und Gemeinden mehr gibt.

3

Dass die Postleitzahl dennoch vertraut klingt, liegt an der Geschichte der Kleinstadt als bedeutender Standort der Schuhindustrie. In den 1970er und 1980er Jahren warb der 1925 gegründete Baur Versand per Rundfunk-Werbespot um die potentielle Kundschaft und animierte dazu, den neuen Katalog per Postkarte bei BAUR in 8622 Burgkunstadt anzufordern.

ZENTRUM DER SCHUHINDUSTRIE — Begonnen hat alles auf Ledersohlen, wohl Ende des 15. Jahrhunderts. Im Stadtarchiv belegen Quellen, dass 1481 wohl erstmals ein sogenannter ›Schubart‹ Schuhwerk herstellte. Im 17. Jahrhundert begründeten zahlreiche Gerbereien und Schuhmacher die Tradition, die mit der 1888 errichteten ersten Schuhfabrik fortschritt.

Burgkunstadt war einst ein Zentrum der Schuhindustrie. Im historischen Zentrum der Kleinstadt am **Marktplatz** steht inmitten des hübschen Ensembles von Amts- und Bürgerhäusern, Kirche und Marktbrunnen auch das **Deutsche Schustermuseum**.

FOTO TIPP

Lang ist's her, dass in den 1960er Jahren in Burgkunstadt 2.300 Beschäftigte in fünf Fabriken etwa 12.000 bis 14.000 Paar Schuhe herstellten – täglich. Während die Geschichte des Baur-Versandes unter dem Dach des OTTO-Konzerns weitergeht (siehe folgende Etappe), endete mit dem Aus der letzten Schuhfabrik am 31. März 1990 die 100-jährige Tradition des Schusterhandwerks.

Es war ein gewisser Friedrich Baur, der einst Pioniergeist zeigte und zusammen mit seiner späteren Ehefrau Kathi 1925 eine Firma gründete, die es ihren Kunden ermöglichte, erstmals in Deutschland Schuhe per Katalog zu bestellen. Dabei verfolgte der gelernte Schuhkaufmann eine genauso kreative wie auch erfolgreiche Geschäftsidee: Um Spitzenqualität zu günstigen Preisen anbieten zu können, empfahl er seinen Kunden, Bestellungen zu bündeln und dadurch Versandkosten zu sparen.

Unsere heutige Etappe endet aber nicht am Main, sondern wir folgen einem Tipp und fahren noch ein paar Kilometer über die Nachbargemeinde **Altenkunstadt** am anderen Mainufer hinauf nach **Baiersdorf.** Im dortigen Fränkischen Hof soll es der Empfehlung nach den besten Kartoffelsalat im ganzen Frankenland geben – und auch andere Köstlichkeiten aus fränkischer Küche. In der weit über 100-jährigen Familientradition pflegt die Familie Seidel dort die alten Rezepte von Oma Elli nach Haus- und Landfrauenart. So lässt sich die Tour doch wunderbar beenden.

Den Touren-Tag beenden wir bei fränkischer Kost.

Hotel / Pension / Unterkunft
Gaststätte / Restaurant / Einkehr:
Fränkischer Hof, Altenkunstadter Straße 41
96264 Altenkunstadt-Baiersdorf, Tel.: 09572-383000
www.fraenkischerhof.de

AKKU-Ladestation:
E-Bike-Ladesäule
Heinersreuther Straße 5, 95336 Mainleus

Am Osthang des Ochsenkopfs liegt die gefasste Quelle des Weißmains.

1

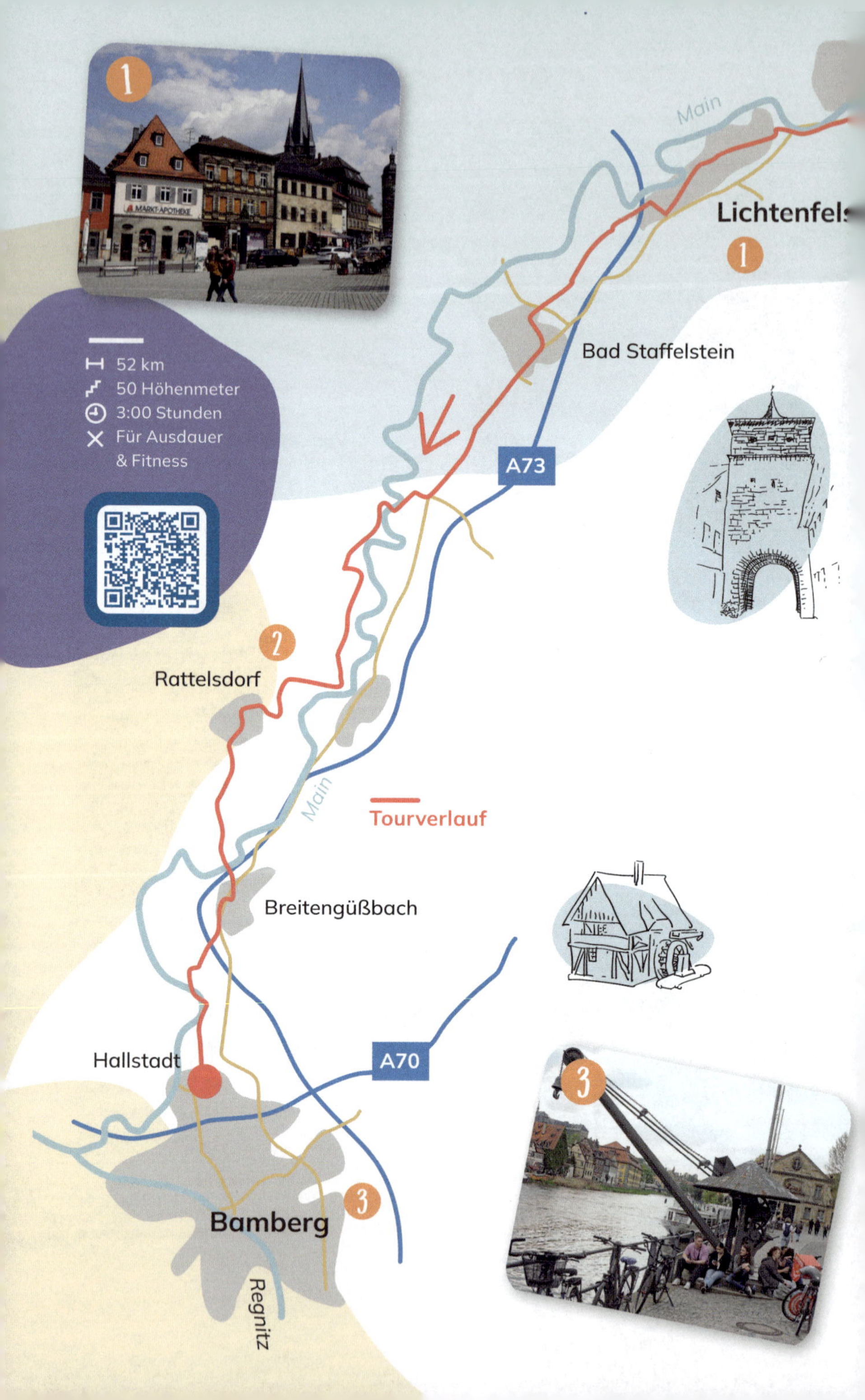
1
Main
Lichtenfels
1
Bad Staffelstein
52 km
50 Höhenmeter
3:00 Stunden
Für Ausdauer
& Fitness
A73
2
Rattelsdorf
Main
Tourverlauf
Breitengüßbach
Hallstadt
A70
3
3
Bamberg
Regnitz

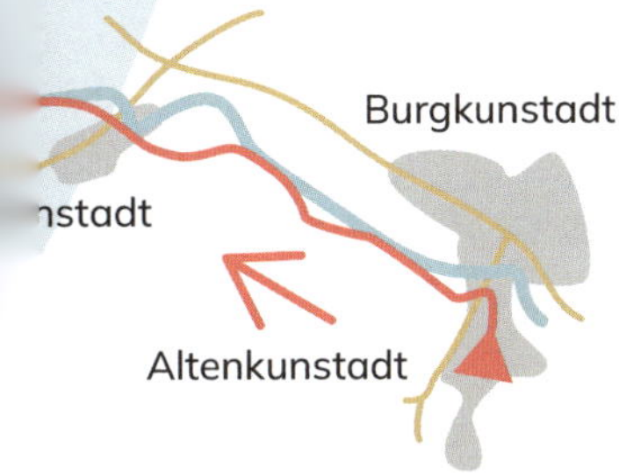

3. ETAPPE

TOUR DER HANDWERKER & HÄNDLER

(Baiersdorf –) Altenkunstadt – Bad Staffelstein – Hallstadt (– Bamberg)

Auch wenn Main-Radtouren naturgegeben zumeist im Flusstal verlaufen, so ist keine Etappe gleich wie die andere. Unser heutiger Tourenvorschlag ist nicht nur wegen seiner Länge so reich an Überraschungen und vielfältig wie ein »Kessel Buntes«.

Von **Baiersdorf** hinunter nach **Altenkunstadt** sind es nur drei Kilometer. Am Main angekommen, streifen wir ein letztes Mal die Geschichte des Baur-Versandhauses. Nicht, um Schleichwerbung zu machen, sondern, weil

NEUES LOGISTIKZENTRUM FÜR DEN INTERNETHANDEL — 1997 übernahm die OTTO-Gruppe den Versandhändler Baur und formte die Vertriebsstrukturen so um, dass 2006 der Online-Handel starten konnte. Das Internet löste den Katalog als jahrzehntelanges Leitmedium ab und wurde in den Mittelpunkt des Geschäftsmodells gestellt. In Altenkunstadt entstand nun ein neues, vollautomatisiertes, 16.300 Quadratmeter großes Logistikzentrum, von dem aus Pakete in die ganze Welt verschickt werden. Heute beschäftigt das fränkische Versandhaus rund 5.000 Mitarbeitende – 4.600 von ihnen arbeiten hier am Main.

Staustufe zwischen Hochstadt und Lichtenfels

HÖHENPROFIL ALTENKUNSTADT → HALLSTADT

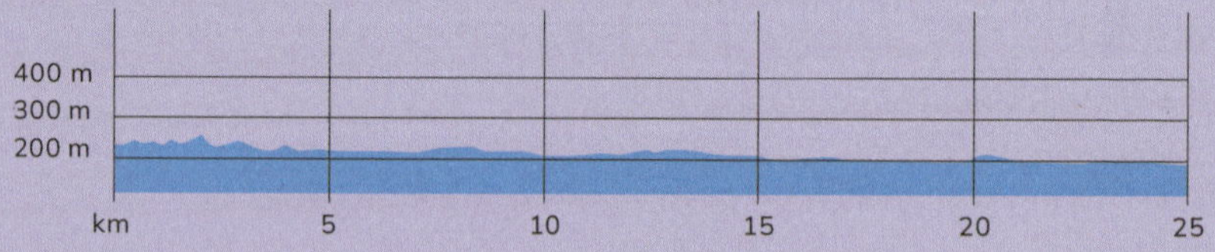

Vom Quartier im wunderschönen Hotel »Fränkischer Hof« in Baiersdorf kommend, sieht man die Kirchtürme von Altenkunstadt und Burgkunstadt, noch bevor der Main zu sehen ist.

Das Deutsche Korbmuseum in Michelau.

die aktuellen Bautätigkeiten im Ort ein Streiflicht auf den Wandel im Einkaufsverhalten der Menschen werfen.

An einer unübersichtlichen Hauptkreuzung in Altenkunstadt wird der Main-Radweg parallel zur Landstraße nach **Strössendorf** (Schloss) und von dort aus nach **Hochstadt am Main** geleitet. Immer wieder blicken wir von leichter Anhöhe auf den gerade erst »frisch vermählten« Main hinab, der rechter Hand unseres (Rad-)Weges inmitten von Weiden und Auwiesen seinen Lauf nimmt.

1

Bei **Schwürbitz** überqueren wir den Fluss und folgen der Beschilderung nach links gen **Michelau,** wo mit dem **Deutschen Korbmuseum** ein weiteres außergewöhnliches Museum in die Tradition und Geschichte einer alten Handwerkskunst einführt. Für uns bleibt es einer dieser typischen Orte »on the road«, der durch eine nette Rast und Leckereien der Bäckershandwerkskunst beim örtli-

DER LICHTENFELSER KORBMARKT — Jedes Jahr steht am dritten Septemberwochenende der berühmte Lichtenfelser Korbmarkt im Veranstaltungskalender der Stadt und zieht Zehntausende Menschen aus der Region an. Im Herzen der Altstadt wird bei dem Volksfest eine einzigartige Mischung aus internationalem Spezialmarkt für Flechtprodukte, Altstadtfest mit Rummel sowie einem anspruchsvollen Kultur- sowie Kleinkunst-Rahmenprogramm geboten. Es gibt außergewöhnliche Ausstellungen, man kann das Flechthandwerk in Flechtkursen selbst erlernen und vieles mehr.
→ **www.korbmarkt.de**

Vom Marktplatz in Lichtenfels geht es an der katholischen Pfarrkirche vorbei in Richtung Oberen Stadtturm.

Nahe Bad Staffelstein liegt die ehemalige Benediktinerabtei Kloster Banz weithin sichtbar auf dem Banzberg hoch oberhalb des Mains.

GEBURTSORT VON ADAM RIESE — Im Jahr, als Kolumbus Amerika entdeckte (1492), wurde auch der mit Abstand berühmteste Sohn von Bad Staffelstein geboren: Niemand kommt während seiner Schulzeit an Adam Riese und dessen Lehre vorbei. Im alltäglichen Sprachgebrauch taucht der Mathematiker und Rechenmeister stets dann auf, wenn man nach Adam Riese etwas kaufmännisch errechnet hat. Durch seine Rechenbücher gab er dem einfachen Volk Einblick in die Bedeutung und Anwendbarkeit der Mathematik in vielen Bereichen des täglichen Lebens.
→ **www.bad-staffelstein.de**

chen Bäcker neben dem Korbmuseum in Erinnerung bleiben wird.

Am Rande von Michelau wechseln wir erneut die Mainseite und rollen nahe der Bahnlinie fünf Kilometer weiter, mitten hinein nach **Lichtenfels.** Die Kreisstadt schmückt sich mit dem Beinamen »Deutsche Korbstadt«. Bis heute ist das Handwerk des Korbflechtens fest im Bewusstsein der Bevölkerung verankert.

In der Altstadt von Lichtenfels empfängt uns typisch fränkisches Flair. Von der Stadtbefestigung der einstigen **Ringmauer** sind mit dem **Bamberger Tor** und dem **Kronacher Tor** noch zwei Stadttore erhalten, von den fünf Wehrtürmen steht einzig noch der **»Rote Turm«.** Herzstück der Stadt ist das historisch-barocke Rathaus am Marktplatz. Hoch droben über den Dächern der Altstadt thront das Stadtschloss.

FOTO TIPP

Zurück am Main-Radweg grüßt vom gegenüberliegenden Ufer schon bald das oberhalb des Flusses auf einem Bergkamm gelegene **Kloster Banz.** Einst eine Benedikti-

Hübsche Szenerie in Bad Staffelstein: Der Lauterbach windet sich in einem renaturierten Bachbett dem Main entgegen.

nerabtei, wurde das ursprünglich als Burg erbaute Kloster 1978 von der CSU-nahen Hanns-Seidel-Stiftung erworben, mondän saniert und bis heute als Tagungsstätte betrieben.

Das Kloster gehört gemeindlich und postalisch zum nahen **Bad Staffelstein,** das schon bald erreicht ist. Franken Tourismus vermarktet das Kleinstädtchen als »Ort in Franken, der fast alle Wünsche als Traum-Reiseziel erfüllt«. Oha! Voller Erwartung rollen wir mitten hinein in die historische Stadt, die neben dem Kloster Banz auch wegen der nicht minder pompösen Basilika Vierzehnheiligen als Wallfahrtsort weltbekannt ist. Ebenfalls lädt das hiesige **Heilbad** mit der wärmsten und stärksten Thermalsole Bayerns Kur- und Badegäste zur Erholung.

Vor dem Rathaus in Bad Staffelstein erinnert ein Denkmal an den 1492 im Ort geborenen Adam Riese.

Auf dem weiteren Weg in Richtung Bamberg fallen südlich von Bad Staffelstein drei blaue Stahlbögen hinter den gelb blühenden Rapsfeldern auf: Auf der neuen Eisenbahn-

Der Bamberger Torturm in Bad Staffelstein ist Teil der ehemaligen Stadtbefestigung.

Wie das Hotel »Goldener Anker« in Hallstadt sind die Unterkünfte entlang des Main-Radweges stets auch Treffpunkt für Radtouristen.

brücke über den Main donnern im Halbstundentakt ICE auf der neuen DB-Hochgeschwindigkeitsstrecke von Berlin nach Nürnberg.

Da es sich bei dieser Route um eine ziemliche Mammutetappe handelt, passieren wir Ortschaften wie **Ebensfeld, Rattelsdorf, Breitengüßbach** und **Kemmern** ohne weitere Rast oder Besichtigung. Unser Quartier-Tipp ist das Hotel »Goldener Anker« in **Hallstadt** fünf Kilometer vor den Toren von Bamberg zu buchen. Vom Preis-Leistungs-Verhältnis sind hier die Zimmerpreise, verglichen mit zentraleren Hotels im nahen Bamberg, goldrichtig. Bis spät in die Nacht verkehren Züge von Hallstadt nach Bamberg und wieder zurück.

An der ersten Flussbrücke in Bamberg wird uns klar, dass es

DIE OBEREN MÜHLEN — Die durch die Regnitz gespeiste Wasserkraft war im Mittelalter die wichtigste Energiequelle der Stadt und machte die Entwicklung von Gewerbe und Handwerk möglich. In den Mühlen wurden Getreide gemahlen, Öl gepresst, Eichenrinde zu Gerberlohe gepresst, Tuche gewalkt und Steine geschliffen. 2

Blick von der Oberen Brücke am Alten Rathaus über die Regnitz zum Geyerswörthsteg.

Von der Oberen Mühlbrücke hat man in Bamberg diesen malerischen Blick auf den linken Regnitz-Arm.

FOTO TIPP

3

Der historische Kran nahe der Bootsanlegestelle und der Unteren Regnitz-Brücke ist ein beliebter Treffpunkt junger Menschen.

gar nicht der Main ist, der durch die Stadt fließt, sondern die 59 Kilometer lange Regnitz. In zwei Flussadern trägt sie ihre Wasser durch die Innenstadt. Der linke Regnitz-Arm bietet entlang der dortigen **Mühlen,** am **Alten Rathaus,** an den **Brücken** und am **Fischer-Viertel** Fotomotive zuhauf. Der rechte Arm der Regnitz fließt hingegen in einem Bogen um das eigentliche **UNESCO-Welterbe der Altstadt** herum.

Von den drei einstigen Mühlenkomplexen sind heute noch die Gebäude der **Unteren Mühlen** (Brudermühlen) sowie der **Oberen Mühlen** (Steinmühlen) erhalten. Sie waren genossenschaftlich organisiert. Der Unterhalt der Mühlen, Gebäude und Stege erfolgte gemeinschaftlich – der Betrieb der einzelnen Mühlen wirtschaftete jedoch auf eigenes Risiko.

Die **Untere Brücke** ist Bambergs älteste Brücke, die bereits 1020 urkundlich erwähnt wird.

Der Main bietet auch – wie hier kurz vor Hallstadt und Bamberg – für Angler ein lauschiges Plätzchen.

Im Jahr 2022 wurde dieser ungewöhnliche Biergarten auf der Unteren Brücke über die Regnitz in Bamberg eröffnet.

Im Mittelalter war an der Brüstung ein Galgen befestigt, an dem ein Korb hing. In diesem wurden Straftäter ins Wasser getaucht. Dieser Brücke liegt der alte Kran zu Füßen, wo sich bis 1912 der alte Bamberger Hafen befand. Seit dem 14. Jahrhundert wurden hier die flachen Kähne der Regnitz-Schiffer be- und entladen.

Rund um den Kran des alten, nicht mehr existenten Hafens und die Untere Brücke braute sich zuletzt ein nicht unerhebliches Konfliktpotential zusammen. Mit der Corona-Pandemie entwickelte sich das Areal in den Jahren 2020 und 2021 zum Outdoor-Szenetreffpunkt. Gab es schon in den Jahren zuvor Beschwerden über Ruhestörung, extremen Alkoholkonsum und Drogenmissbrauch, massenweise Müll und andere Hinterlassenschaften, trafen sich nun jeden Abend bis spät in die Nacht dort Hunderte junger Menschen.

Kurzentschlossen etablierte die Stadt im Frühjahr 2022 auf der kompletten Unteren Brücke einen **Biergarten,** wodurch diese als Treffpunkt weggefallen ist. Doch wo sollten sich Jugendliche in Bamberg nun versammeln? Neuer Streit entbrannte um die Nutzung als Biergarten. Ungeklärt blieb, ob die Stadt einen öffentlichen Raum einfach so zu einer gastronomischen Gelddruckmaschine umfunktionieren darf.

Obere Brücke und das Alte Rathaus in Bamberg.

In Bamberg tobte plötzlich ein ›Kulturkampf‹, fasste der Bayerische Rundfunk schon bald die Stimmung zusammen. Gewiss: Die Anwohner wollen Ruhe und sind froh, dass der unkontrollierte Party-Hotspot der Stadt verschwunden ist. Doch der einheimischen Jugend und jungen Erwachsenen wurde etwas Besonderes genommen. Die Touristen hingegen genießen den Abend im einzigen Brücken-Biergarten in Bayern, wo man nach einer solchen Strecke perfekt den Abend ausklingen lassen kann.

Hotel / Pension / Unterkunft:
Hotel Goldener Adler
Lichtenfelser Straße 35, 96103 Hallstadt
Tel.: 0951-9727-0, www.hotel-goldeneradler.de

Gaststätte / Restaurant / Einkehr:
Gasthaus Ahörnla im Sand (eigene Brauerei)
Obere Sandstraße 22, 96049 Bamberg
Tel.: 015678-526079, www.ahoernla.de

AKKU-Ladestation:
Best Western Plus Kurhotel an der Obermaintherme
Am Kurpark 7, 96231 Bad Staffelstein

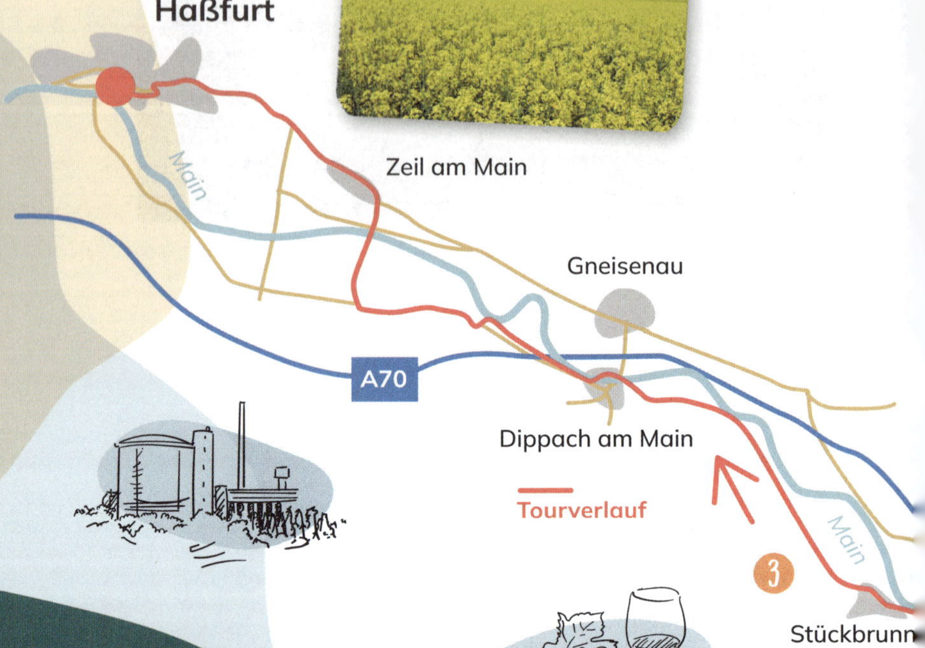

37 km
20 Höhenmeter
2:00 Stunden
Für Neugierige & Entdecke

WELTERBE & WEIN

Bamberg – Zeil – Haßfurt

Wer wie wir bereits die vorherige Etappe gefahren ist, fährt am besten von Hallstadt aus direkt mit dem Rad nach Bamberg. Diese Perle in Oberfranken hat es uns angetan und wir wollen unbedingt mehr entdecken in diesem UNESCO-Welterbe. Ebenso kann man aber natürlich auch mit dem Zug oder Auto nach Bamberg fahren und die vorgeschlagene Etappe als Tagestour genießen.

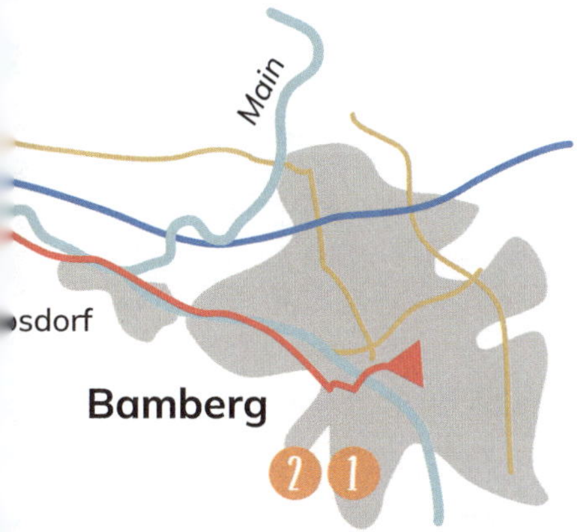

Wir fahren vom Bahnhof in Bamberg mit dem Rad auch heute zur Unteren Brücke und dem dortigen Lastenkran. Gestern Abend hatten wir gar nicht gesehen, dass hier auch **Ausflugsschiffe** ablegen und mit ihren Passagieren die Regnitz hinunterschippern. Die Boote ziehen an den nahegelegenen, geduckten Fischerhäusern von **»Klein Venedig«** vorbei. Von den langen, zur

FOTO TIPP

Von den zur Regnitz weisenden Holzbalkonen legten einst die Fischer ihre Netze und allerlei Gerätschaften zum Trocknen aus.

HÖHENPROFIL BAMBERG → HASSFURT

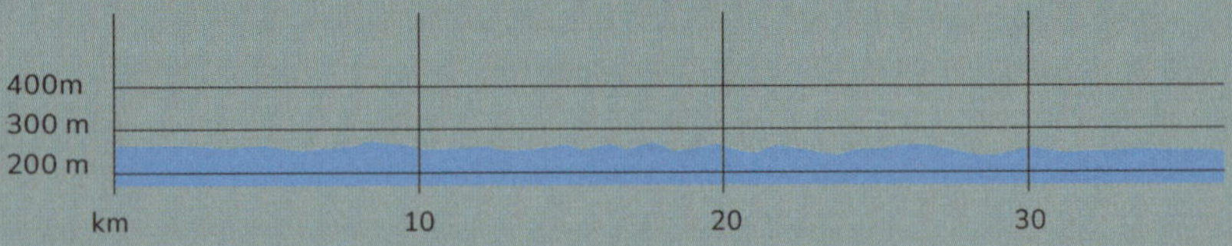

Regnitz weisenden Holzbalkonen legten die Fischer einst ihre Netze und allerlei Gerätschaften zum Trocknen aus.

Brücken waren seit jeher Ausdruck von Handel und Wandel – gerade in einer mittelalterlichen Stadt wie Bamberg. Manch eine der mittelalterlichen Brücken wurde selbst zum Handelsplatz. Nicht nur in Florenz war das so, sondern auch in Bamberg, wo die Obere und die Untere Brücke einst und bis ins 19. Jahrhundert mit Läden besetzt waren.

Vor den Toren von Bamberg markiert die Regnitzmündung in den Main bei Bischberg zugleich den Beginn des Main-Donau-Kanals.

Es wird also nicht weiter überraschen, dass das Stadtviertel rund um diese beiden Brücken **›Kraemen‹** genannt wird – hier hatten die Krämer der Stadt ihre Läden. Und das Geschäft florierte so gut, dass auch der Schifffahrt enorme Bedeutung zukam. So wurde in nur zehnjähriger Bauzeit unter dem Bayernkönig Ludwig I. in den Jahren 1836 bis 1846 zwischen Kelheim an der Donau und Bamberg am Main eine Wasserstraße gebaut, die nach ihm als **Ludwig-Donau-Main-Kanal** benannt wurde. 1 2

FOTO TIPP

Blick vom Domgrund zum Bamberger Dom.

Das Künstlerhaus Villa Concordia und der Bamberger Dom.

Um all die architektonischen Meisterwerke, kulturellen Schätze und historischen Ereignisse des UNESCO-Welterbes »Bamberger Altstadt« kennenzulernen, würde selbst der Aufenthalt an einem verlängerten Wochenende zu kurz sein. Für einen Besuch des Doms, all der prachtvollen Paläste und Parkanlagen auf dem Dom-Berg ist bei dieser Tagesroute nicht ausreichend Zeit eingeplant, kann aber natürlich individuell geplant werden. In jedem Fall lohnt es sich!

Entlang der Regnitz radeln wir stadtauswärts, dem Zusammenfluss mit dem Main vor den Toren der Stadt entgegen. An dieser Stelle übertrifft die Wasserführung der Regnitz die des Mains durchschnittlich um 25 Prozent. Dennoch bleibt es beim namensgebenden Main – wohl wegen der bis Bamberg deutlich mehr zurückgelegten Flusskilometer.

KULISSE FÜR DREI »SAMS«-FILME — Die als UNESCO-Welterbe geadelte Altstadt von Bamberg war bereits mehrfach Kulisse für Kinofilme: »Die drei Musketiere« wurden hier ebenso abgedreht, wie »Das fliegende Klassenzimmer«. Von dem Kinderbuch-Klassiker »Das Sams« von Paul Maar wurden ebenfalls drei Kinder – und Familienfilme in Bamberg gedreht. Die Außenkulisse für das Wohnhaus des Romanhelden Herrn Taschenbier, der wider Willen zum Vater des frechen Fabelwesens wird, findet man in Bamberg in der Judenstraße 16. Es handelt sich hier um das »Haus zum Einhorn«, das 1747 errichtet wurde.
→ **www.bamberg.info**

Bekanntermaßen machen sich viele Menschen gerade wegen der guten Frankenweine mit dem Rad im Maintal auf den Weg. Auch in diesem Radtourenführer könnten wir in jedem Kapitel von vielen regionalen Weingebieten und einzelnen Winzern schwärmen. Mit dem **»Abt Degen Weintal«** stellen wir auf der heutigen Etappe zwischen

Die historische Schleuse des Ludwig-Donau-Main-Kanals an der Mündung zur Regnitz in Bamberg.

Bamberg und Haßfurt ein weniger bekanntes vor.

Die hier meist noch per Hand gelesenen Trauben werden zu charaktervollen, unverwechselbaren Weinen. Allerorten sieht man Steilhänge mit 40 bis 50 Prozent Neigung, auf denen sogenannte Terroir-Weine gedeihen. Alleine im September und Oktober sorgen gut 600 Sonnenstunden in der Reife- und Erntezeit für einen guten Ertrag bei der Weinlese.

SCHLEUSE 100 WURDE RESTAURIERT — 100 Schleusen wurden auf den 173 Kanal-Kilometern des Ludwig-Donau-Main-Kanals gebaut, um ab 1846 die Frachtschiffe über eine Differenz von 264 Metern hoch- und wieder runterzuhieven. In den genormten (34,15 m mal 4,67 m) Schleusenkammern wurden die bis zu 24 Meter langen Regelkähne jeweils bis zu 3,20 Meter Höhe geschleust. Schleusenwärter bedienten mit Kurbeln die Schieber für den Zufluss oder ließen das Wasser ab. Die Kammern mussten dabei mit bis zu 500.000 Liter Wasser gefüllt werden. Zusammen mit ihren Gehilfen versahen sie ihren Dienst an ein bis drei, manchmal auch an sechs Schleusen.

Aus gutem Grund wollen wir bei einem der Winzer in **Eltmann, Zeil am Main** oder **Haßfurt** einen Zwischenstopp einlegen: Die etwa 40 Winzerbetriebe im Abt-Degen-Weintal – zu dem auch **Ebelsbach, Sand am Main** und **Knetzgau** sowie sechs weitere, abseits des Mains gelegene Winzerorte gehören – schätzen sich glücklich, dass in ihrer Heimat mit dem grünen Silvaner die Wurzel für DIE fränkische Rebe schlechthin gelegt wurde.

Zwischen Bamberg und Haßfurt beginnt der Weinbau in den Ortschaften des sogenannten Abt-Degen-Weintals.

3

DER BEGRÜNDER DES FRÄNKISCHEN SILVANERS — »Ich habe gepflanzt, Apollo hat begossen, Gott aber hat das Wachstum gegeben. So ist weder etwas, welcher pflanzt, noch der, welcher begießt, sondern Gott, welcher das Wachstum gibt«, steht auf einem Gedenkstein aus dem Jahre 1665, der an den Abt Degen, Prior von der Zisterzienserabtei Ebrach, erinnert. Er hatte die Österreicher Rebe (Silvaner) nach Deutschland gebracht und hier zuerst gepflanzt. Auch ohne genaues Datum oder genauen Ort zu kennen, wird er als Vater des fränkischen Silvaners bezeichnet und das Weinanbaugebiet zu seinen Ehren Abt-Degen-Weintal genannt.
→ **www.abt-degen-weintal.de**

Über das Fachwerkstädtchen **Zeil** am Fuße der Haßberge mit dem charmanten Ensemble aus **Stadtpfarrkirche St. Michael, historischer Altstadt** und **Oberem Turm** erreichen wir schließlich Haßfurt. Doch von der anmutigen Altstadt, die in ihrer ursprünglichen Anlage als langgezogenes Rechteck von der breit angelegten Hauptstraße durchzogen und den beiden großen **Stadttürmen** begrenzt wird, konnten wir leider nicht viel sehen, auch wenn sie absolut sehenswert ist und mit historischen Bauten sowie dem charmanten Nebeneinander von »Stadt, Land, Fluss« einen hohen Erlebniswert bietet.

Wie hier in Zeil am Main bieten überall des Radweges Weinhäuser oder Winzer den beliebten Frankentropfen im traditionellen Bocksbeutel an.

Die Ritterkapelle in Haßfurt gilt als eines der wichtigsten spätgotischen Bauwerke Unterfrankens.

DER NATURPARK HAßBERGE — Die Kreisstadt Haßfurt ist nach den angrenzenden Haßbergen benannt. Der dortige 860 Quadratkilometer große Naturpark erstreckt sich südlich des Mains bis in den Naturpark Steigerwald. Eine sanft hügelige – beinahe unberührte – Landschaft mit bunten Mischwäldern, historischen Weinbergen und einer abwechslungsreichen Landschaftsstruktur bilden das »Land der Burgen, Schlösser und Ruinen« – an der Schnittstelle von Wein- und Bierfranken.
→ **www.hassberge-tourismus.de**

Ebenfalls empfehlenswert ist der klassische **Radladen** in der Hauptstraße mit angeschlossener Werkstatt, wo Schäden sofort repariert werden können – so wie auch unsere gerissene Kette, die uns leider einen Strich durch die Rechnung gemacht hatte.

Die gerissene Kette und die dadurch notwendig gewordene Zwangspause haben uns zwar viel Zeit gekostet, dafür aber auch nette Begegnungen mit hilfreichen Menschen geschenkt. Anders als die Stadt zwischen den beiden Naturparks Haßberge und Steigerwald gehören die 26 Kilometer des Main-Radwegs zwischen Haßfurt und Schweinfurt wohl tatsächlich zu den unspektakulärsten überhaupt, weswegen es hier auch keine weiteren Tipps für Sehenswertes gibt.

Die neue Jugendherberge in Schweinfurt liegt direkt am Radweg und am Main.

Wer die nächste Etappe auch noch anschließen will, dem empfehlen wir die Übernachtung in der **Jugendherberge** in Schweinfurt, die optimal direkt am Main und am Main-Radweg gelegen ist.

Hotel / Pension / Unterkunft
Jugendherberge Schweinfurt · Am Unteren Marienbach 3
97421 Schweinfurt, Tel.: 09721-6752950, www.jugendherberge.de

Gaststätte / Restaurant / Einkehr
Brauereigaststätte (Göller Bier)
Zur Alten Freyung, Speiersgasse 21
97475 Zeil a. Main, Tel.: 09524-9554, www.zur-alten-freyung.de

- 53 km
- 10 Höhenmeter
- 3:10 Stunden
- Für Ausdauer & Fitness

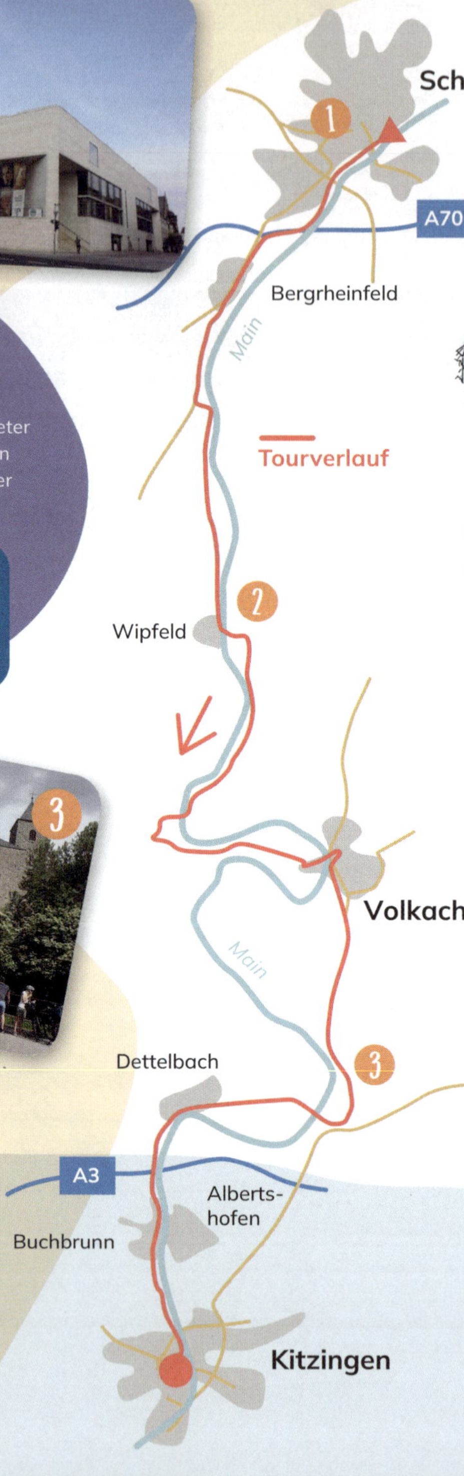

ORA ET LABORA: OHNE KOMMERZ KEINE KUNST

Schweinfurt – Mainschleife / Volkach – Kitzingen

Schweinfurt ist – anders als viele historisch bedeutsame Main-Perlen wie Bamberg – eine klassische Industriestadt. Natürlich erhofft man sich auf einer Main-Radtour zuerst einmal ganz viel kulturellen und lukullischen Genuss wie auch Natur pur. Doch hier und heute interessiert uns zuerst einmal die Wirtschaft als Motor der Region.

Schon bald nach unserem Start an der Jugendherberge beeindrucken uns die mächtigen Produktionshallen der Firma SKF GmbH, des mit etwa 5.000 Arbeitnehmern größten Arbeitgebers der Stadt. Ebenso hat die Schaeffler-Gruppe (bis zu 90.000 Mitarbeiter weltweit) in Schweinfurt einen ihrer drei Hauptentwicklungsstandorte in Deutschland.

Blick aus einem Zimmerfenster der Jugendherberge in Schweinfurt, die direkt am Main und am Radweg neu gebaut wurde.

Mit der steigenden Wirtschaftskraft dieser beiden »Global Player« mauserte sich die Stadt dank sprudelnder Gewerbesteuereinnahmen auch im kulturellen Bereich. Neben der im Jahre 2009 eröffneten **Kunsthalle** (zeitgenössische Meisterwerke der Kunst von den 1950er Jahren bis heute) ist das **Museum Georg Schäfer** ein kultureller Leuchtturm im Frankenland.

Weißwürste, als bayerische Nationalspeise, gibt es für Radfahrende überall des Weges zu jeder Tageszeit als Stärkung.

HÖHENPROFIL SCHWEINFURT → KITZINGEN

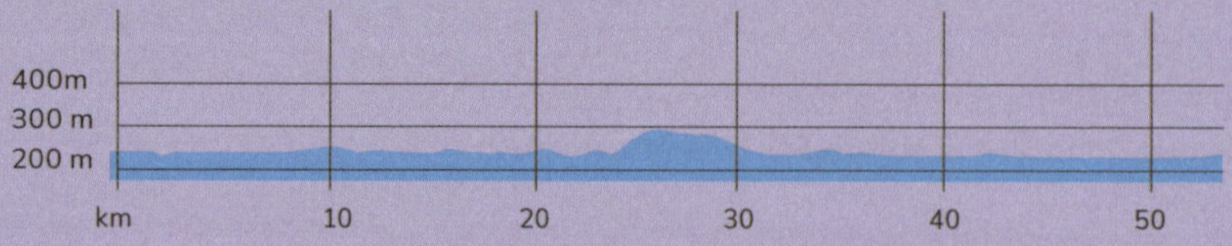

Zwischen Innenstadt und Main liegt das im Jahre 2000 eröffnete Georg-Schäfer-Museum, das zu den 200 Höhepunkten deutscher Kultur-Reiseziele zählt.

1

Die namengebende Familie Schäfer hat sich durch den wirtschaftlichen Erfolg ihres Unternehmens auch als Kunstmäzen einen bleibenden Namen gemacht. Die FAG Kugelfischer Georg Schäfer AG wurde im Jahr 2000 von einer Holding übernommen und 2006 zur Schaeffler KG zusammengefasst. Wer von der Innenstadt aus auf dem Main-Radweg Schweinfurt verlässt, sieht auf den ersten Kilometern noch lange auf beiden Uferseiten weite Industriegebiete.

DAS MUSEUM GEORG SCHÄFER — Im Jahr 2000 eröffnet, erregt das Museum Georg Schäfer bis heute internationale Aufmerksamkeit – auch als architektonisches Meisterwerk. Es beherbergt eine einzigartige Sammlung deutscher Malerei und Zeichenkunst von 1760 bis 1930. Dazu zählen bedeutende Werkgruppen einzelner Maler wie Caspar David Friedrich, Carl Spitzweg und Ferdinand Waldmüller wie auch namhafte Impressionisten. Dass das Museum in einer Reihe mit der Sammlung englischer Kunst in der Tate Gallery, London, oder den Sammlungen deutscher Kunst in der Nationalgalerie, Berlin, und der Neuen Pinakothek in München genannt wird, ist dem Schweinfurter Großindustriellen und Sammler Georg Schäfer (1896–1975) zu verdanken.
→ **www.museumgeorgschaefer.de**

Nachdem wir **Bergrheinfeld** und auf der anderen Uferseite die Zwillingsgemeinde **Grafenrheinfeld** passiert haben, grüßen uns von weitem schon die beiden 143 Meter hohen Kühltürme des 1981 in Betrieb genommenen **Atomkraftwerkes Grafenrheinfeld.** Das AKW wurde im Rahmen des beschlossenen Ausstiegs Deutschlands aus der Atomenergie im Jahre 2015 abgeschaltet.

Über **Garstadt** geht es auf einem kaum von Autos befahrenen Sträßchen bis **Wipfeld.** Nun wäre dieser Ort wegen seiner urgemütlichen Heckenwirtschaft, der Biergärten 2

Weithin sichtbar: Die beiden 143 Meter hohen Kühltürme des 1981 in Betrieb genommenen Atomkraftwerkes Grafenrheinfeld.

Die Namen der Landgasthäuser zeugen vom nahen Main.

und Gaststätten sowie Weinproben bei Winzern oder Führungen durch die Weinberge einer von ganz vielen vergleichbaren Main-Orten – wäre da nicht die aktuelle Auszeichnung der Main-Fähren als immaterielles Kulturerbe (siehe Seite 57).

Am anderen Mainufer angekommen, sehen wir bereits das imposante **Kloster St. Ludwig.** Nach der Entdeckung von Schwefelquellen zu Beginn der 19. Jahrhunderts wurde hier der Grundstein für einen Kurbetrieb im »Ludwigsbad« gelegt, der aber bereits 100 Jahre später eingestellt wurde. Danach gründeten die Benediktiner hier ein Kloster.

Über **Stammheim,** wo am Wegesrand die Kampfflugzeuge eines **privaten Museums für Militär- und Zeitgeschichte** über einen blickdichten Zaun grüßen, steuern wir entlang des Mains und der beidseitig des Flusses sich ausdehnenden Weinberge der weltbekannten **Mainschleife** bei **Volkach** entgegen.

In der »Kniebeuge« der ersten von drei Mainschleifen erreichen wir **Fahr.** Anstatt entlang des Ufer-Radweges auf

FOTO TIPP

Die Winzerfamilie Hirn baut die Rebsorten Johanniter und Regent komplett biologisch an. Die entsprechenden Weine werden in Untereisenheim in ihrem »Weinparadies« im Hundertwasserhaus verkauft.

direktem (Rad-)Weg ins sechs Kilometer entfernte Volkach weiterzuradeln, wählen wir den einen Kilometer längeren Umweg, der einen echten Höhepunkt unserer Radtour bieten wird. Wir setzen in Fahr mit der **Fähre** zum anderen Mainufer über und radeln ins nahe **Untereisenheim.** Das dortige im Jahre 2003 eröffnete **Weinparadies** der Winzerfamilie Hirn wurde in seiner Architektur von Friedensreich Hundertwasser inspiriert.

Im Ort hören wir mehrfach, dass es im ganzen Landkreis Würzburg keine Gemeinde gebe, die mehr Feste feiert als die Menschen in **Eisenheim.** Das Straßenweinfest namens Höllentage und das Weinfest (beide im Juli) sowie der Kulturherbst im Oktober sind nur die drei bekanntesten.

Einzigartig ist auch das liebevoll geführte **Museum** erzgebirgischer Spielzeugkunst mit der größten Sammlung der regionalen Handwerkskunst außerhalb des Gebirges.

FÄHREN SIND IMMATERIELLES KULTURERBE — Wegen neuer Sicherheitsvorschriften drohte den Main-Fähren in Fahr, Wipfeld, Eisenheim, Dettelbach, Mainstockheim, Stadtprozelten und Nordheim das Aus. Doch nachdem im Juli 2022 die Fähren in das Bayerische Landesverzeichnis als Immaterielles Kulturerbe aufgenommen wurden, besteht wieder Hoffnung auf Zukunft des Fährbetriebes. Mit dem Titel »Kulturerbe« sollen die Fähren in ihrer gewohnten Form erhalten bleiben. Vor allem die Einheimischen sind nach wie vor auf die Main-Fähren im Alltag angewiesen und gerade die Radtouristen schätzen die kleine Auszeit bei einer kurzen, dafür umso romantischeren Fährfahrt.

Zurück zum Fähranleger gilt es nun, auf den folgenden zwei Kilometern stattliche 90 Höhenmeter mit dem Rad in Richtung der **Vogelsburg** zu erklimmen. Auf dem Bergrücken thront das beliebte Ausflugslokal. Das bis 1966 als Kloster betriebene Gebäude-Ensemble wurde seither zu einem Ort der Begegnung, Spiritualität und Zentrum des ökologischen Weinbaus weiterentwickelt. Heute beherbergt die Vogelsburg ein Gasthaus mit Hotel- und Tagungshaus sowie einen Biergarten, in dem aber vornehmlich Wein und Schorle ausgeschenkt werden.

FOTO TIPP 1

Während unserer Rast spüren wir bei jedem Atemzug die über 1.000-jährige Tradition dieses Ortes, genießen vor allem aber den atemberaubenden Ausblick über die Reben hinab auf den Main und die dortigen Ortschaften. Absolut kurios: Dieser außergewöhnliche Bergrücken inmitten der Volkacher Mainschleife sollte einst von einem Tunnel für die Main-Schifffahrt durchbrochen werden.

WEINPARADIES IM HUNDERTWASSERHAUS — Natürlich spricht man vor Ort vom Hundertwasserhaus und tatsächlich begannen die Planungen im Jahre 1998 für das neue Weingut noch vor dem Tod des im Februar 2000 verstorbenen Künstlers. Die Gestaltung wurde jedoch vom Architekten Springmann vollendet, der zusammen mit Hundertwasser über ein halbes Dutzend Bauwerke realisiert hatte. Die Winzerfamilie Hirn hat mit ihrem Weingut einen Raum für Kunst, Kultur & Genuss geschaffen, in dem auch Freilicht-Theater-Vorführungen, musikalische Weinproben, Kunstausstellungen oder Lesungen stattfinden.
→ **www.weingut-hirn.de**

Die Gebäude des heutigen Ausflugslokals »Vogelsburg« wurden bis 1966 als Kloster betrieben.

FOTO TIPP

Radfahrende nutzen die Main-Fähre in Wipfeld, um den Fluss zu queren.

Für die Schifffahrt blieb das Hindernis der kurvenreichen Mainschleife bestehen, welche die Schiffer vorsichtig und langsam zu umfahren hatten. Nach dem Zweiten Weltkrieg wurde dann aber zur Verkürzung der Fahrtdauer der sieben Kilometer lange Mainkanal realisiert. Eine Windung des Flusses – der Altmain – wurde quasi abgeschnitten.

Bei Schiffspassagen durch den Kanal werden insgesamt fünf Kilometer Fahrt auf dem Strom erspart. In siebenjähriger Bauzeit wurden 3,5 Millionen Kubikmeter Erdreich bewegt, von denen ein Drittel als felsiges Gestein abgesprengt werden musste. Der Main-Radweg führt ab Volkach direkt neben dem 30 Meter breiten Mainkanal entlang.

Von einer Wegekreuzung, an der der eigentliche – von **Nordheim** entlang der Mainschleife um den dortigen Kreuzberg kommende – Main-Radweg auf unseren Radweg entlang des Mainkanals stößt, sind es gerade einmal drei Kilometer bis nach **Schwarzach am Main.** Hier leben über 100 Mönche in einem der bedeutendsten **Benediktinerklöster** Deutschlands.

GEPLANTER MAINTUNNEL UND REALISIERTER MAINKANAL — Die Verbindung von Rhein und Donau war ein jahrhundertalter Traum für Schifffahrt, Wirtschaft und freilich auch die Politik. Tatsächlich wurde diese ab 1921 mit dem Baubeginn der Rhein-Main-Donau-Großschifffahrtsstraße Wirklichkeit. Es war 1941, als die Nationalsozialisten in ihrem Größenwahn im Bereich Escherndorf sogar einen 1450 Meter langen Doppeltunnel in ihren Köpfen schwirren hatten. Wegen der erheblichen Eingriffe in den Wasserhaushalt der Weinberge zwischen Vogelsburg und Eschendorf wurde dieser tollkühne Plan aber verworfen.

Die Abtei Münsterschwarzach gehört zu den bedeutendsten deutschen Benediktinerklöstern.

ABTEI MÜNSTERSCHWARZACH — Schon von weitem sieht man die vier Türme der Abtei Münsterschwarzach. Symbolhaft stehen sie für die tiefe Verbindung zwischen den Mönchen der Benediktinerabtei, die seit über 1.200 Jahren hier leben und arbeiten, sowie der Region. Der wohl bekannteste Mönch des Klosters ist Anselm Grün, der als Autor spiritueller Bücher wie auch viel gefragter Vortragsreisender in Sachen Spiritualität so etwas wie ein religiöser Pop- und Medienstar geworden ist. →**www.abtei-muensterschwarzach.de**

3

Frisch gestärkt im **Café Luise** mit Blick auf die Abtei schaffen wir es nunmehr spielend leicht bis zum Etappenziel in Kitzingen. Über **Dettelbach** und **Mainstockheim** sind auf dem ausgeschilderten Main-Radweg rund 15 Kilometer zurückzulegen. Auf direktem Weg entlang der B22 bis zur Autobahnauffahrt und über die dann weiterführende Landstraße durch den Staatsforst sind es hingegen nur zehn Kilometer bis Kitzingen.

In der historischen Weinhandelsstadt beziehen wir für diese Nacht unser Quartier im **»Deutschen Haus«,** einem modernen Stadthotel. Abends erfahren wir in der hoteleigenen **»KostBar«** von der Hotelier-Familie Schneider überaus interessante Anekdoten aus der Geschichte ihres Hotels und der Stadt. Das ›Deutsche Haus‹ war nach dem Zweiten Weltkrieg nämlich eines der viel besuchten Tanzlokale für die Soldaten der amerikanischen Streitkräfte.

Wunderschönes Spiegelbild der schmucken Silhouette und Uferzeile in der historischen Weinhandelsstadt Kitzingen im Main.

Hotel / Pension / Unterkunft:
Hotel Deutsches Haus, Bismarckstr. 8–10
97318 Kitzingen, Tel. 09321-91690
www.deutsches-haus-hotel.de

Gaststätte / Restaurant / Einkehr:
Vogelsburg – Restaurant mit Bier- / Weingarten, Vogelsburg 1
97332 Volkach, Tel.: 09381-7108970
www.vogelsburg-volkach.de

Café Luise
Schweinfurter Str. 44, 97359 Schwarzach

AKKU-Ladestation:
E-Bike-Ladestation an der Mainfähre
Zur Mainfähre, 97537 Wipfeld

KLEIN LAS VEGAS AM MAIN — Nach dem Ende des Zweiten Weltkriegs lebten in der zur Garnisonsstadt ausgebauten Kleinstadt Kitzingen bis ins 21. Jahrhundert zeitweilig 12.000 US-Amerikaner neben den 20.000 Einwohnern – und die Kitzinger lebten freilich auch gut von und mit den Amerikanern. Jahrzehntelang gab es in irgendeinem Gasthaus Livemusik und Tanz. Deshalb wurde die Stadt unter US-Soldaten auch »Klein Las Vegas am Main« genannt. Nicht nur für die Gastronomie war es ein Schock, als der damalige Präsident der USA, George W. Bush, im Jahre 2004 den kompletten Truppenabzug innerhalb zweier Jahre angekündigt hatte. Die Stadt hat sich seither gemausert und völlig verändert.

19 km
10 Höhenmeter
1:10 Stunden
Mit Kindern unterwegs

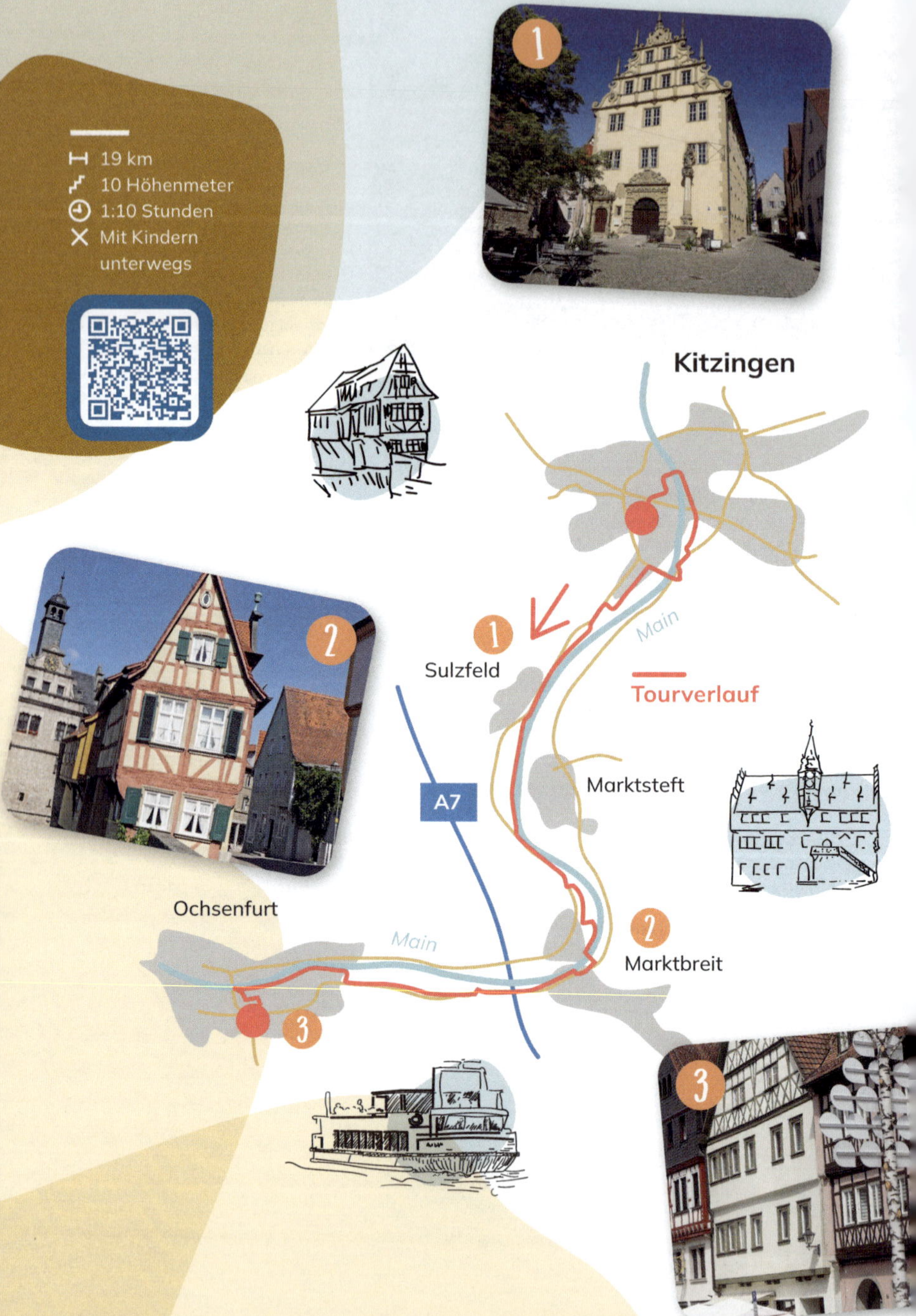

GANZ IM SÜDEN DAS MAINDREIECK

Kitzingen – Sulzfeld – Marktbreit – Ochsenfurt

Als in Hessen beheimateter Radfahrer waren mir die beiden fränkischen Ortschaften, die auf dieser eher kürzeren Route passiert werden, zuvor gänzlich unbekannt. Es ist mit unseren Stippvisiten in Sulzfeld und Marktbreit wie so oft im Leben: Ohne jegliche Erwartungen angereist, verlassen wir die schmucken Orte angenehm überrascht und empfehlen diese als Geheimtipp überzeugt weiter.

Doch zuerst einmal lassen wir uns noch zwei Stündchen in den Gassen, Straßen und am Mainufer der historischen Weinhandelsstadt **Kitzingen** treiben. Der Innenstadt den Rücken gekehrt, bleiben wir wegen eines besonderen Spektakels vorerst am diesseitigen Mainufer hängen. Soeben hat mit der MS Amaprima ein exklusives Flusskreuzfahrtschiff auf seiner Reise von Basel über Strasbourg, Mainz, Frankfurt, Würzburg, Bamberg nach Nürnberg hier angelegt.

Am Kai versammeln sich Passanten, um das Schauspiel rund um das Ausschiffen der Fahrgäste aus dem eleganten Flusskreuzfahrtschiff zu beobachten. Doch irgendwann queren wir endlich auf der **alten Mainbrücke** den Strom. Am gegenüberliegenden Ufer angekommen, schaffen wir es immer noch nicht, den Blick von der besonderen Silhouette der Stadt zu lösen. Die Türme der **katholischen Kirche St. Johannes,** der **evangelischen Stadtkirche** und die Turm-

Zwischen Ochsenfurt und Marktbreit quert die Autobahn A7 das Maintal.

HÖHENPROFIL KITZINGEN → OCHSENFURT

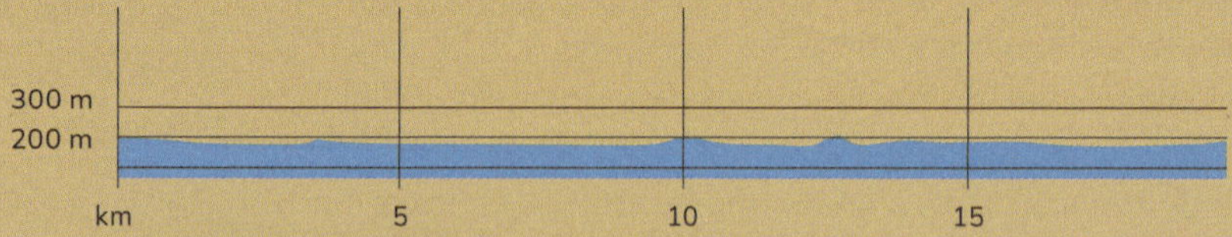

Sulzfeld ist ein liebevoll gepflegter, romantischer Weinort, der mit seinen zahlreichen Denkmälern und einer vollständig erhaltenen mittelalterlichen Wehranlage um den idyllischen Altortsbereich zu den besonderen denkmalgeschützten Ensembles in Franken gehört.

kuppeln der einstigen **Synagoge** spiegeln sich glasklar im Main, als wäre dieser ein still ruhender See.

Auch, wenn der Main-Radweg auf dem linken Ufer weiterführt, wechseln wir auf der **Südbrücke** erneut aufs rechte Mainufer. Der Grund: Andere Radurlauber – die ebenfalls die Nacht im Deutschen Haus in Kitzingen verbracht haben – hatten uns einen Besuch des schmucken Örtchens **Sulzfeld** an der Bocksbeutelstraße ans Herz gelegt.

DIE KIRCHEN VON KITZINGEN — Die von 1402 bis 1463 erbaute katholische Pfarrkirche ist eines der bedeutendsten spätgotischen Gotteshäuser Nordbayerns. Seit 1817 aber sind die Protestanten in der als katholische Kirche geweihten Stadtkirche zuhause. Während des Zweiten Weltkrieges wurde sie bei einem Luftangriff 1945 stark beschädigt und nach Kriegsende wieder neu errichtet. Die prachtvolle alte Synagoge mit ihren prägenden Turmkuppeln fiel in der Reichspogromnacht am 10. November 1938 dem Nazi-Terror zum Opfer. Sie wurde wiederaufgebaut und dient heute nach Renovierung und Wiedereröffnung im Jahre 1993 als Kultur- und Bildungsstätte der Stadt.
→ **www.kitzingen.de**

Fünf Kilometer vor den Toren von Kitzingen erreichen wir den 1.250 Einwohner zählenden Ort an der dortigen Mainlände, dem direkt am Main gelegenen Vorgarten und grünen Wohnzimmer der hinter einer Wehrmauer gelegenen Gemeinde. Nachdem das **Obere**

Das Rathaus im romantisch mittelalterlichen Sulzfeld direkt am Main.

FOTO TIPP

Unterwegs in den Kopfsteinpflaster-Gassen von Sulzfeld.

1 **Maintor** passiert ist, erleben wir einen Zeitsprung zurück ins Mittelalter und die anschließende Renaissance.

Enge malerische Kopfsteinpflaster-Gassen, pittoreske Fachwerkhäuschen – manche von ihnen, wie der Eselhof, nur ein Zimmerchen breit. Und überall an den Mauern rankender Wein, der eine Postkarten-Idylle hinterlässt. Gewiss, heute lichtet man diese Main-Romantik eher mit dem Smartphone ab und versendet sie per WhatsApp. Fazit: Der Tipp war es allemal wert!

Seinsheimer Schloss und Kirche St. Nikolai in Marktbreit.

Weiter in Richtung **Marktbreit** blicken wir auf halber Strecke hinüber nach **Marktsteft,** das sich mit dem **ältesten Hafenbecken** in Bayern als besondere Sehenswürdigkeit schmückt. Nachdem lange Zeit Weinberge unser ständiger Begleiter waren, öffnet sich im nun folgenden, markanten Mainknick ein weites und vor allem fruchtbares Schwemmland. Die Gärtner- und Winzergemeinde **Segnitz** ist auf den ersten Blick ein Ort, der ganz aus Glas zu bestehen scheint.

Der fruchtbare Boden am Mainknie hat das Gärtnerdorf Segnitz zu einer der bedeutendsten Gartenbaugemeinden in Mainfranken gemacht.

Der Ort zählt zu den bedeutendsten **Gartenbaugemeinden** in Mainfranken und ist geprägt von riesigen Glas- und Folienflächen. Etwa ein Zehntel der insgesamt 50 Hektar Garten- und Anbaufläche ist mit Gewächshäusern überspannt.

SEGNITZ – DORF AUS GLAS — Vor über 100 Jahren begannen die Bauern von Segnitz mit Pflanzenzucht. Mittlerweile hat sich der Anbau zu einem reichhaltigen Angebot an Gartenbauprodukten entwickelt: Rettiche, Tomaten, Blumenkohl, Kartoffeln oder Sellerie werden hier ebenso angebaut wie Blumen, Kräuter, bunte Salate und sogar Paprika oder Brokkoli. Neben der ursprünglichen Vermarktung der Erzeugnisse über Großmärkte vollzieht sich allmählich ein Wandel. Mehr und mehr haben die Gärtnereien auch einen Teil des Verkaufs auf den Direktvertrieb vor Ort umgestellt.

Im Schenkelpunkt des sogenannten Maindreiecks zwischen Schweinfurt und Gemünden liegt dann **Marktbreit** am gegenüberliegenden Ufer. Die hiesige markante Krümmung des Mains an dieser Stelle stellt zugleich den südlichsten Zipfel des Flusses auf seinem langen Weg zum Rhein dar. Bekannteste Sehenswürdigkeit in Marktbreit ist das sogenannte **»Malerwinkelhaus«**:

Eigentlich waren es einst drei Häuser, die heute das »Haus am Maintor auf der Bachmauer« bilden, so, wie man es seit seiner Renovierung im Jahre 1774 kennt. Nach der

2

Das malerisch am Breitbach gelegene und ursprünglich auf das 17. Jahrhundert zurückgehende Malerwinkelhaus ist das Wahrzeichen der Stadt Marktbreit.

jüngsten Restaurierung im Jahre 1991 beherbergt es ein **Museum.** Die Bedeutung des Standortes entwickelte sich im Laufe der wirtschaftlichen Blüte des Marktortes zu Beginn des 18. Jahrhunderts.

DAS ALZHEIMER-HAUS — Am 14. Juni 1864 kam Aloysius Alzheimer als Sohn eines Notars zur Welt. Der Ursprung der Bezeichnung »Morbus Alzheimer« geht auf den Fall einer 51-jährigen Patientin zurück, die im November 1901 in der Frankfurter Klinik mit den Zeichen einer Demenz aufgenommen wurde. Im November 1906 berichtete Alois Alzheimer auf der »37. Tagung Südwestdeutscher Irrenärzte« in Tübingen über diese Patientin. Sein Vortrag hatte den Titel »Über eine eigenartige Erkrankung der Hirnrinde«, die als präsenile Demenz oder »Alzheimersche Krankheit« bezeichnet wird.
→ **www.marktbreit.de**

Verkehrsgünstig gelegen, konnten ihn die von Osten und Norden kommenden Marktbesucher überhaupt nicht übersehen. Hier wurde einst mit sogenannten Spezereiwaren gehandelt, worunter man seinerzeit all jene Waren fasste, mit denen Gewürzkrämer, Apotheker und Drogisten handeln und die allesamt abgewogen und nach Gewicht verkauft werden.

Nachdem wir uns für den letzten Abschnitt dieser Etappe aufs Rad geschwungen haben, sehen wir schon von weitem die hoch über den Main gespannte Autobahnbrücke und bald dahinter die klobigen Bauten der **Zuckerfabrik** von **Ochsenfurt.** Wer im Oktober mit dem Rad in die Stadt kommt, sieht dort die gigantischen Zuckerrübenberge lagern, die nach der Ernte bis Mitte Dezember hier angeliefert werden.

Zwischen Ochsenfurt und Marktbreit quert die Autobahn A7 das Maintal.

FOTO TIPP

Ochsenfurt schmückt sich aus naheliegendem Grund mit dem Beinamen »Zuckerstadt«. In den Jahren des Wirtschaftswunders bis in die 1960er Jahre war die »Südzucker Sus« eine echte Werbe-Ikone. Welche Figur könnte also besser die Zuckerstadt repräsentieren als die »Ochsenfurter Zuckerfee«, die seit 1998 nicht mehr eine reine Markenbotschafterin ist. Vielmehr ist sie Repräsentantin und Symbolfigur für Ochsenfurt insgesamt! Eine gute Fee kann schließlich jeder gebrauchen – das ganze Jahr über!

FURTEN ÜBER DEN MAIN — Furten waren die älteste Möglichkeit für die Menschen, den Main zu überqueren. Natürlich waren es wieder einmal die Römer, die damit begannen, diese künstlich anzulegen. Sie ermöglichten Flussquerungen zu Fuß und auch mit Gespannen. Bekannte Städte und weniger bekannte Ortschaften am Main weisen den Namensbestandteil ›furt‹ auf. Ochsenfurt ist neben Frankfurt, Schweinfurt und Haßfurt eine der vier bekanntesten »Furt-Städte« am Main. In Lengfurt überquerte die wichtige Post- und Handelsstraße Frankfurt – Würzburg – Nürnberg den Fluss. Hinzu kommen kleine Furtorte, wie Trennfurt, Kirschfurt und Wonfurt.

Unmittelbar am Fluss gelegen, ist die historische Altstadt von einer Befestigungsanlage mit **Stadttoren** und **Türmen** umrahmt, die fast vollständig erhalten ist. Durch ein Stadttor geht's hinein in die Altstadt, wo uns sofort die lange Fachwerkhaus-Zeile in der Hauptstraße in ihren Bann zieht. Ein echter Hingucker. Wahrzeichen der Stadt ist aber das **Lanzentürmchen** auf dem Dach des im 15. Jahr-

Radfahrende auf dem Main-Radweg werden von den wuchtigen Bauten des Südzucker-Werkes in Ochsenfurt empfangen.

Der Marktplatz von Ochsenfurt – die Befestigungsanlage der Altstadt mit Wehrtürmen, Stadttoren und Stadtmauer gilt als eine der besterhaltenen in ganz Bayern.

3 hundert erbauten **Rathauses.** Die Figurenuhr zeigt nicht nur den Ochsen als Stadtwappen: Es können auch Monatstage und der Mondstand auf der astronomischen Uhr abgelesen werden.

Hotel / Pension / Unterkunft
Gaststätte / Restaurant / Einkehr
Gasthof Kauzen (Traditionsgasthof mit Fremdenzimmer)
Hauptstraße 37, 97199 Ochsenfurt
Tel.: 09331-2237, www.gasthof-kauzen.de

AKKU-Ladestation
E-Bike-Ladestation an der Mainlände
Kitzinger Straße, 97320 Sulzfeld am Main

Unterwegs ist der ausgeschilderte Main-Radweg wie eine Schnellstraße für Zweiradfahrende ausgebaut.

Würzburg
Heidingsfeld
A7
Main
Eibelstadt
Tourverlauf
Sommer-
hausen
Winterhausen
Goßmannsdorf
Ochsenfurt
21 km
10 Höhenmeter
1:15 Stunden
Kultur, Natur
& Genuss

VON BISCHÖFEN UND FÜRSTEN

Ochsenfurt – Würzburg

Einst waren es – wie bereits im vorigen Kapitel berichtet – historische Furten, die den Menschen entlang des Mains die Querung des Flusses ermöglichten. Dank moderner Ingenieurskunst kam man später dann auf Brücken problemlos und trockenen Fußes von der einen auf die andere Flussseite.

In **Ochsenfurt** überqueren mit der **Alten** und der **Neuen Mainbrücke** gleich zwei von mehr als 120 Brücken den schiffbaren Main im Abschnitt zwischen Bamberg und der Mündung in den Rhein. ›Die Alte‹ hat bereits mehr als stolze 500 Jahre auf dem Buckel. Die gemauerte Brücke mit ihren 13 Steinbögen wurde im Jahre 1520 eingeweiht. Man mag es kaum glauben, dass es im Jahr 1800 zwischen Bamberg und dem Rhein gerade einmal zehn Brückenschläge über den Strom gab.

GESCHICHTE DER MAINBRÜCKEN — Die älteste nachweisbare Brücke über den Main ist die Römerbrücke von Hanau-Salisberg (etwa 100 v. Chr.). Die älteste Mainbrücke aus dem Mittelalter wurde von Erzbischof Willigis von Mainz (940–1011) bei Aschaffenburg errichtet. Die erste Steinbrücke über den Main ist die Würzburger Brücke aus der Zeit um das Jahr 1120. Im Jahr 1883 zählte man immerhin 16 Mainbrücken. Wie überall waren natürlich auch am Main die Brücken die entscheidende technische Entwicklung für den Ausbau des Fernverkehrs und Handels. Parallel dazu sorgten sie für prosperierende Städte und stetig steigende Einwohnerzahlen.

Natürlich ist es die Pflicht eines jeden Radfahrenden, Ochsenfurt eben über die Alte Mainbrücke zu verlassen. Das ist aber auch deshalb ratsam, weil auf der unweit gelegenen Neuen Mainbrücke der gesamte Autoverkehr auf der B13 stadteinwärts und raus aus der Stadt donnert. Muss nicht sein.

Vor Würzburg ist der Main-Radweg eine gut ausgebaute und breite Hauptverkehrsader für Fahrradfahrende in das Umland.

HÖHENPROFIL OCHSENFURT → WÜRZBURG

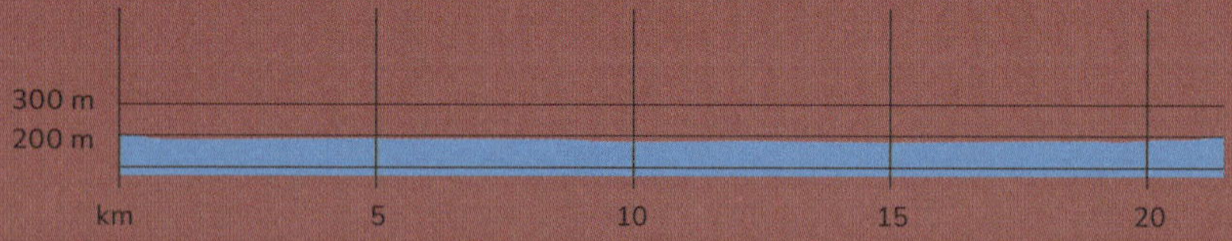

Die historischen Straßen in Sommerhausen sind von Winzern, Bauern und Künstlern geprägt.

Am Nordufer des Mains in **Kleinochsenfurt** angekommen, werden die Radfahrenden hinter den Mainauen, noch vor dem dortigen Supermarkt nach links auf den Main-Radweg geleitet. Entspannt spulen wir die nächsten sieben Kilometer nach **Sommerhausen** ab. Gerade bei strahlendem 1
Sonnenschein lohnt es sich, einmal eine richtig lange Pause in diesem schönen Flecken einzulegen.

In dem mit einer Stadtmauer umgebenen historischen Marktflecken genießen wir es, über den Markt zu bummeln. Wer hier gar übernachten will, kann Konzerten lauschen, an Seminaren teilnehmen oder abends ins **Torturmtheater** gehen. Das kleine Theater im Würzburger Tor gilt für Theaterfreunde aus ganz Deutschland als Wallfahrtsort.

Kurzum: Sommerhausen bietet auch im Frühling und Herbst eine gute Mischung aus mittelalterlicher Architektur und dem Genuss von Kunst, Kultur und Küche. Zahlreiche **Künstlerateliers** in den Kopfsteinpflaster-Gassen lassen die Ausflügler ganz automatisch ihre Portemonnaies zücken: Von erlesenem Schmuck, seltenen und alten Büchern, Kunsthandwerklichem aus Glas, Keramik oder Metall sowie

Im Schloss Sommerhausen kann man nicht nur im Freien in herrlichem Ambiente speisen.

2

FOTO TIPP

hübschen Gemälden und Aquarellen gibt es besondere Andenken zuhauf.

Der Inhaber des Weingutes **Schloss Sommerhausen** hat seit ein paar Jahren im Innenhof seines Anwesens eine besondere Konzertreihe mit saisonaler Bewirtung organisiert. Inspiriert vom allgemeinen Sommerhäuser Motto »Wein & Kultur«, trägt der Schlossherr nun also auch musikalisch mit einem charmanten Open-Air-Event dazu bei, den zauberhaften Künstlerort lebendig zu gestalten.

Die neue Mainlände in Eibelstadt ist ein beliebtes Ausflugsziel und Badeparadies vor den Toren von Würzburg.

Wir verlassen das Kleinod durch das Würzburger Tor und radeln gestärkt von bestem Essen auf dem Radweg parallel zur B13 bis nach **Eibelstadt.** Die 3.100 Einwohner zählende Kleinststadt ist mit sieben Quadratmetern flächenmäßig die kleinste eigenständige Stadt in Bayern. Stolz blickt man hier auf eine 1.235 Jahre alte Ortsgeschichte sowie das vor 588 Jahren verliehene Stadtrecht.

Wie in so vielen Orten am Main wird das romantische Ortsbild auch hier von einer historischen **Stadtmauer** umschlossen und

Es lohnt sich, den ausgeschilderten Radweg immer mal wieder zu verlassen, um die Ortschaften entlang des Weges zu erkunden.

BESONDERER GRENZVERLAUF — Geschichtlich betrachtet ist der Grenzverlauf von Eibelstadt am Main mehr als eine Randnotiz wert. Die von Eibelstadt über Würzburg bis nach Zell im Main verlaufende Grenzziehung gehört zu den ältesten überlieferten deutschen Grenzen (779 n. Chr.) überhaupt. Kurios: Die Stadtgrenze von Eibelstadt verläuft nicht – wie üblich – in der Mitte des Mains, sondern auf dem linken Ufer. Logisch, dass die Eibelstädter noch heute stolz verkünden: »Uns khörd d' Mäi« (Uns gehört der Main).

birgt viele Sehenswürdigkeiten. Eine ganz neue Attraktion ist die 2020 eingeweihte, direkt am Main-Radweg gelegene **»Mainlände«.** Der Name des Freizeitgeländes kommt von der »Anlandung« von Booten, Schiffen an der einstigen Schiffsanlegestelle.

Nicht einmal zehn Kilometer trennen uns nun noch von der Mainfranken-Metropole Würzburg. Neben der Festung **Marienberg,** die man schon früh vom stadteinwärts führenden, baumbestandenen Ufer-Radweg erspähen kann, ist die von uns direkt angesteuerte **Alte Mainbrücke** ein weiteres Wahrzeichen der Residenzstadt.

Bis 1886 bot das Bauwerk innerhalb der Stadtgrenzen die einzige Möglichkeit, den Fluss zu queren. Heute ist sie Hotspot der Touristen gleichermaßen wie ein Treffpunkt für Einheimische. Spontan lauschen wir einer Stadtführerin, die auf der Brücke deren Funktion als Pilgerweg erläutert. Der Mensch habe sich in der Bildsprache und Symbolik jener Zeit durch einen breiten Strom von der Welt Gottes getrennt gefühlt – gleichwohl aber eine Verbindung gesucht: Die Brücke über den Main habe ihnen den Weg in den Himmel aufgezeigt.

Hier in Würzburg führt die an allen Brückenpfeilern mit Heiligenfiguren reich verzierte Alte Mainbrücke geradewegs

2 FOTO TIPP

Die Alte Mainbrücke verbindet die Innenstadt von Würzburg mit der Festung Marienberg – und ist gewiss die Sehenswürdigkeit der Residenzstadt, die sich niemand bei einem Besuch entgehen lässt.

DIE ÄLTESTE PIZZERIA IN DEUTSCHLAND — Gefühlt gibt es an jeder Ecke in Deutschland eine Pizzeria. Die erste ihrer Art aber wurde von Nicolino di Camillo im Jahr 1952 unter dem Namen Sabbie di Capri (Sand von Capri) in Würzburg eröffnet. Di Camillo kam 1946 mit den Alliierten nach Deutschland und fand eine Anstellung als Küchenhelfer in einem Club, wo viele US-Soldaten Pizza essen wollten. Geschäftstüchtig wie er war, griff er die Idee eines Offiziers auf, doch eine teigene Bier- und Speisewirtschaft mit Pizza-Angebot zu eröffnen. Er nannte sein Lokal »Capri«, weil sich der Name auf Deutsch, Englisch und Italienisch ebenso ausspricht, wie er geschrieben wird. Auch nach seinem Tod im Jahre 2015 wurde die Pizzeria weitergeführt.

zum **Dom** in die Innenstadt. Doch genug der religiösen Betrachtung, uns plagen ganz weltliche Probleme – uns knurrt der Magen. Einheimische, die auf der Brücke einen Frankenwein schlürfen, geben uns einen ganz besonderen Tipp fürs Abendessen, womit wir einen tollen Abschluss für unsere Etappe gefunden haben.

Hotel / Pension / Unterkunft
Jugendherberge Würzburg
Fred-Joseph-Platz 2, 97082 Würzburg
Tel.: 0931-4677860
www.jugendherberge.de

Gaststätte / Restaurant / Einkehr
Kiosk Hennes (Café, Bistro / ehemals Café Vue)
Oberer-Main-Kai / Willy-Brandt-Kai
Würzburg am rechten Mainufer

Pizzeria Capri – Blaue Grotte
Elefantengasse 1, 97070 Würzburg
Tel.: 0931-35831243
www.capri-blaue-grotte.business.site

AKKU-Ladestation
E-Bike-Ladestation, Hauptstraße 14
97246 Eibelstadt

Die Festung Marienberg ist eine rund 100 Meter oberhalb des Mains gelegene ehemalige Befestigung und ein ehemaliges fürstbischöfliches Schloss in Würzburg.

FOTO TIPP

3
Karlstadt
3
Himmelstadt
Main
2
2
Zellingen
Thüngersheim
28 km
20 Höhenmeter
1:40 Stunden
Für Neugierige
& Entdecker
Tourverlauf
Erlabrunn
Main
Veitshöchheim
Zell am Main
Würzbu
1
1

DIE PRUNKVOLLE

Würzburg – Karlstadt

Das lässige Treiben rund um die und vor allem auf der Alten Mainbrücke in Würzburg fasziniert und zieht Einheimische und Touristen gleichermaßen zu jeder Tageszeit an. Auch auf einer Tagestour steuern viele Radfahrende nach Ankunft im Hauptbahnhof zuerst diese absolute Sehenswürdigkeit an. Ebenso ein absolutes Muss bei jedem Würzburg-Besuch ist natürlich die Residenz.

Gerade wer die vorherige Etappe bereits gemeistert hat oder noch nie in Würzburg war, sollte sich, bevor wieder kräftig in die Pedale getreten wird, zunächst dieser wunderschönen Stadt widmen und sie ein wenig auf eigene Faust erkunden.

Als wir nun sämtliche Highlights abgeklappert haben und dieser wunderschönen und pulsierenden Stadt ›Lebewohl‹ sagen wollen, bindet ein Sammelsurium von Koffern und Gegenständen auf dem Bahnhofsvorplatz unsere Aufmerksamkeit. Dieses ungewöhnliche **Denk- und Mahnmal** ist den Opfern des Nationalsozialismus gewidmet, die in Viehtransportwagen zu ihrer letzten Reise in die todbringenden KZs im Osten Deutschlands aufbrechen mussten.

RESIDENZ UND HOFGARTEN — Ein unbedingtes Muss in der Residenzstadt ist natürlich jener prunkvolle Amtssitz selber. Die Würzburger Residenz ist ein Bauwerk von europäischem Rang. Als barocker Profanbau aus einem Guss zählt sie zum Weltkulturerbe. Vor gut 300 Jahren erfolgte die Grundsteinlegung der Würzburger Residenz am 22. Mai 1720. Nach Abschluss der Bauarbeiten an der Residenz wurde in der Regierungszeit des Würzburger Fürstbischofs Adam Friedrich von Seinsheim die endgültige Ausgestaltung des Würzburger Hofgartens in Angriff genommen.
→ **www.residenz-wuerzburg.de**

Wie beklemmend der Gedanke an diese Züge ist, wo wir doch – auch auf unserer Main-Radtour – die Eisenbahn oft im besten Sinne für Erholung und

FOTO TIPP

Die Würzburger Residenz und der Hofgarten wurden 1981 als erstes bayerisches UNESCO-Weltkulturerbe ernannt.

HÖHENPROFIL WÜRZBURG → KARLSTADT

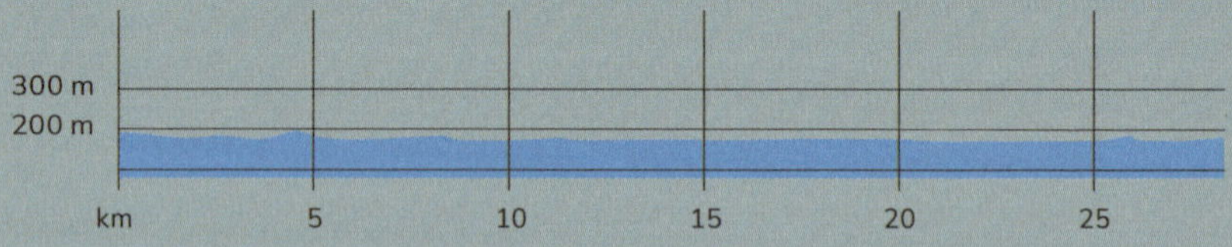

Am Bahnhofsvorplatz ist dieses Denk- und Mahnmal den in den Konzentrationslagern ermordeten Opfern der Nationalsozialisten gewidmet.

1

DER »DENKORT DEPORTATIONEN« — Mit dem 2020 eingeweihten Erinnerungsort vor dem Hauptbahnhof hat Würzburg ein sehenswertes, vor allem aber bedrückendes Mahnmal erhalten. Es erinnert an die 2.069 Bürgerinnen und Bürger jüdischen Glaubens aus Unterfranken, die zwischen 1941 und 1943 vom Güterbahnhof Aumühle aus in sechs Deportationszügen in Konzentrationslager transportiert wurden. Lediglich 63 von ihnen haben das Grauen überlebt. Es ist der Lokalpolitik zu verdanken, dass sich das Mahnmal wahrlich nicht zu verstecken braucht. Für den stark frequentierten Standort am Hauptbahnhof gab es einen einstimmigen Beschluss des Stadtrats.
→ **www.denkort-deportationen.de**

Freizeit nutzen. Wir lassen den Gedanken sacken und radeln auf gepackten und gesattelten Rädern über die westwärts verlaufende und vielbefahrene Röntgenstraße (B8) wieder dem Main entgegen. Hinter der **Friedensbrücke** zweigt der Main-Radweg nach rechts ab.

Zugegeben: Die nun folgenden rund sieben Kilometer sind unter touristischen Aspekten wirklich keine Offenbarung. Doch es gibt wohl keine Großstadt, die stadtauswärts fahrende Radtouristinnen und -touristen nicht irgendein Stück des Weges entlang einer Ausfallstraße mit Tankstellen, Einkaufszentren, Autohäusern und Industriegebieten langweilt.

Ganz so schlimm ist es heute zwar nicht, weil man in Würzburger Randbezirken wenigstens immer wieder auch den Schiffsverkehr auf dem Main beobachten kann. Dennoch begleiten uns, bis wir **Zell** erreichen, auf dem gegenüber-

Zwischen Veitshöchheim und Margetshöchheim wird eine neue Fußgänger- und Radbrücke gebaut.

liegenden Mainufer weite Gewerbegebiete und Fabrikhallen mit ihren Schloten.

Hinter dem Ortsausgang von Zell rauschen Schnellzüge, geschützt von Schallschutzwänden, auf einer weitgespannten Brücke über den Main. Bald nachdem ein ICE über uns hinweggedonnert ist, erreichen wir **Margetshöchheim:** einen eigentlich unspektakulären Ort – wenn da nicht die neue Rad- und Fußgängerbrücke über den Fluss nach **Veitshöchheim** gelegt worden wäre.

Doch ob die licht und leicht gespannte Bogenbrücke über den Main mit Erscheinen dieses Buches eröffnet sein wird, war zur Drucklegung noch nicht klar. Kurz vor der geplanten Eröffnung des spektakulären Mainstegs zwischen Margetshöchheim und Veitshöchheim im Herbst 2022 hatte die Baufirma den Vertrag einseitig gekündigt. Grund dafür war der Streit über entstandene Zusatzkosten und nicht beglichene Abschlagszahlungen.

Für die Bürgerinnen und Bürger der beiden gegenüberliegenden Orte war das ebenso eine herbe Enttäuschung wie für die Radfahrenden und andere Ausflügler. Beide Orte gelten als beliebte Ausflugsziele in der Region. Der bisherige

Das Schloss Veitshöchheim diente den Würzburger Fürstbischöfen als Sommerresidenz.

Radfahrende überqueren den Main zwischen Zellingen und Retzbach.

Steg war schon lange in die Jahre gekommen und sollte nach Fertigstellung der neuen Brücke eigentlich abgerissen werden.

Eines ist aber gewiss: Radfahrende werden auch ohne die neue Brücke zum gegenüberliegenden Mainufer nach Veitshöchheim gelangen – auf der alten Brücke, dem etwa 600 Meter flussabwärts gelegenen **Ludwig-Volk-Steg.** Lohnenswert ist der Abstecher in die Zwillingsgemeinde am anderen Ufer auf jeden Fall: wegen des **Schlosses** und des angrenzenden Rokokogartens.

SOMMERRESIDENZ UND JAGDSTÜTZPUNKT — Das Schloss Veitshöchheim diente den Würzburger Fürstbischöfen bis Anfang des 19. Jahrhunderts als Sommerresidenz und war Jagdstützpunkt der Fürstenfamilien. Seit 1814 ist das Schloss im Besitz der Bayerischen Krone. Erst durch die Restaurierung von 1931/32 wurden alle Räume des Obergeschosses wieder als historische Schauräume ausgestattet und das Schloss der Öffentlichkeit als Museum zugänglich. 2001 bis 2005 wurde das gesamte Schloss restauriert. Zusammen mit der das Schloss umgebenden Gartenlandschaft ist es auf jeden Fall einen Abstecher über den Main wert.
→ **www.schloesser.bayern.de**

Der Main-Radweg verläuft über **Erlabrunn** weiter nach **Zellingen** direkt am linken Mainufer. Das gegenüberliegende, eng ans Ufer geschmiegte **Retzbach** ist über eine eigene Rad- und Fußgängerbrücke mit dem Hauptort Zellingen verbunden. Bekannt wurde der Marktflecken durch die be-

2

Blick auf Retzbach vom Zellinger Mainufer aus.

kannte Weinlage **»Retzbacher Benediktusberg«**, die Wallfahrtskirche **»Maria im Grünen Tal«** und die von Balthasar Neumann erbaute **Pfarrkirche.**

Auf dem weiteren Weg ins zehn Kilometer entfernte Karlstadt durchqueren wir ein Dorf mit dem bemerkenswerten Ortsnamen **Himmelstadt.** Natürlich leben die Menschen in diesem himmlischen Fleckchen Erde wie so viele andere Unterfranken vom Saft der Reben. Die Weinlage »Himmelstadter Kelter« gibt dem gehaltvollen Tropfen einen klangvollen Namen.

Seit den 1990er Jahren ist Himmelstadt als Weihnachtsdorf und bayerische Heimat des Christkinds bekannt. In der einzigen **Weihnachtspost-Filiale** in Bayern werden jährlich bis zu 80.000 Briefe in der Vorweihnachtszeit beantwortet – auch wenn immer weniger persönliche Briefe per Hand geschrieben und postalisch verschickt werden. Eine eigene Ausstellung sowie der **Philatelisten-Lehrpfad** würdigen ganzjährig das dortige Weihnachtspostamt.

Hinter Himmelstadt wird der Main-Radweg über ruhige Wirtschaftswege durch Wiesen und Felder geführt – fernab des Straßenverkehrs und ganz nah am Wasser gebaut (auch wenn damit sprichwörtlich bekanntlich etwas anderes gemeint ist). Unser Blick fällt auf die steilen **Weinberge** am gegenüberliegenden Mainufer, wo am Fuße der Rebenhänge schwere Güterzüge parallel zur Straße donnern.

Die Main-Promenade von Karlstadt.

Der Biergarten vor dem Hotel Mainpromenade ist direkt am Main gelegen.

Im Bild das historische Rathaus aus dem Jahre 1422 mit seinem charakteristischen Treppengiebel.

Die Kulisse des Industriegebietes in Karlstadt stört die Camper nicht.

3

Das Maintor sicherte vor der mainseitigen Stadtmauer den Zugang zur alten Flusslände. Heute kann man hier vor prächtiger Kulisse speisen.

Auf der hiesigen Seite des Mains aber – nach wie vor links des Flusslaufs – genießen wir die Ruhe und grüßen die entgegenkommenden Radfahrenden, denen wir ja schließlich als Gleichgesinnte leidenschaftlich verbunden sind. So sinnierend erreichen wir nach 20 Minuten das sieben Kilometer entfernte **Karlstadt.** Hier endet diese Etappe und wer in Karlstadt übernachten möchte, dem empfehlen wir das Hotel Mainpromenade gegenüber der Ruine Karlsburg auf dem Schlossberg. Im Biergarten des Hotels, direkt am Main-Radweg gelegen, lassen wir den heutigen Tag gemütlich ausklingen.

Die Kreisstadt des Main-Spessart-Kreises überrascht mit einer Mischung aus Altstadtromantik und Dorfidylle. In der von Mauern, Türmen und Toren umgebenen Altstadt ragen der romanisch-gotische »Kleinstadt-Dom« **St. Andreas,** das treppengieblige **Historische Rathaus** von 1422 und die kunstvollen Fachwerkfassaden der stolzen Bürgerhäuser heraus und präsentieren eindrucksvoll die Baukunst vergangener Tage.

BESONDERE FESTE IN KARLSTADT — Zwei kulturelle Höhepunkte im Veranstaltungskalender von Karlstadt sind »Musik in historischen Häusern und Höfen« mit kleinen Konzerten in privaten Anwesen sowie die »Kulinarische Meile« für alle Feinschmecker und Leckermäuler. Überhaupt – Genießen wird in Karlstadt großgeschrieben. Historische Kellerlokale, gutbürgerliche Gasthäuser und gehobener Standard fränkischer Gastlichkeit laden hier genauso zum Übernachten oder zumindest zu einem Mittagessen ein wie die typisch fränkischen Heckenwirtschaften, in denen die Winzer ihren Wein und eine fränkische Brotzeit anbieten.
→ **www.karlstadt.de**

Hotel / Pension / Unterkunft / Gaststätte / Restaurant / Einkehr
Hotel Mainpromenade (mit Biergarten am Main-Radweg)
Mainkaistraße 6, 97753 Karlstadt, Tel.: 09353-9065-0
www.hotel-mainpromenade.de

Die Karlsburg liegt auf einem Felssporn am linken Mainufer gegenüber der Stadt Karlstadt.

- 21 km
- 10 Höhenmeter
- 1:20 Stunden
- Mit Kindern unterwegs

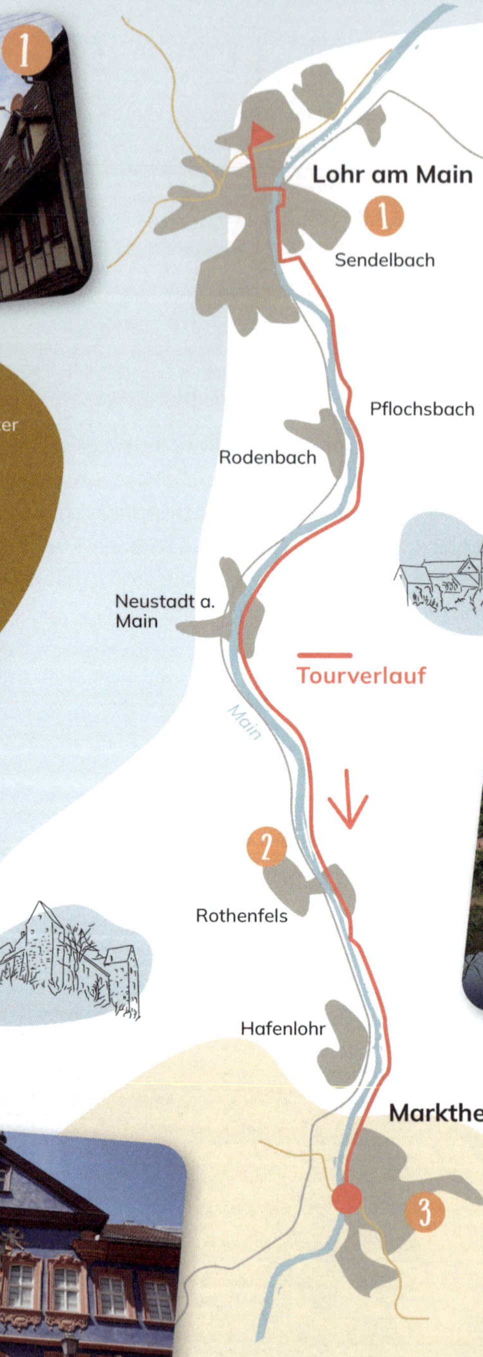

DIE ÜBERRASCHUNGS-TOUR

(Karlstadt –) Lohr – Marktheidenfeld

Die rund 500 Kilometer Gesamtlänge des Main-Radweges werden die wenigsten Radtouristinnen und -touristen an einem Stück absolvieren – auch, wenn dies natürlich ein ganz besonderer Reiz wäre. Heute überbrücken wir die etwa 30 Kilometer zwischen Karlstadt und Lohr mit dem Zug, was mit Fahrrad und Gepäck mindestens im Stundentakt möglich ist.

Unsere heutige Tagestour beginnt auf dem **Bahnhofsvorplatz** von **Lohr,** von dem aus wir rund einen Kilometer hinab in die Innenstadt rollen. Das Städtchen ist von sieben Bergen (na ja, es sind eher Hügel) umgeben ... und plötzlich wird uns schlagartig bewusst, warum sich das verträumte Fachwerkstädtchen touristisch als **»Schneewittchen-Stadt«** vermarktet. Keinesfalls liegt es an den sieben Zwergen, die womöglich hinter diesen sieben Bergen (Hügeln) leben, sondern vielmehr an jenem siebenjährigen Mädchen namens Schneewittchen. Dem Märchen nach ist es »so schön [...] wie der klare Tag und schöner als die Königin«. Das krasse Gegenteil von dieser holden Schönheit ist eine ungewöhnliche Skulptur, die an das Grimm'sche Märchen erinnern soll.

Am Ufer des Mains inmitten herrlicher Spessartwälder liegt die romantische Fachwerkstadt Lohr a. Main.

Kanada-Gänse mit ihrem Nachwuchs vor der Mainbrücke in Lohr am Main.

HÖHENPROFIL LOHR → MARKTHEIDENFELD

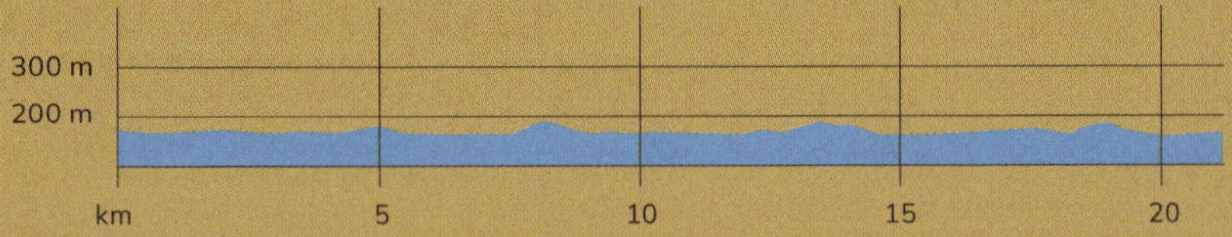

Fast überall entlang des Mains lassen sich einzelne Passagen – auch für die Rückfahrt – ganz individuell mit dem Zug überbrücken.

Fachwerk-Gemütlichkeit prägt auch das Stadtbild von Lohr in den Nebenstraßen.

Die Stadt Lohr hatte 2013 einen Kunstwettbewerb unter dem Motto »Schneewittchen verzaubert Lohr« ausgeschrieben. Gewünscht waren Skulpturen, die Schneewittchen figürlich, aber nicht unbedingt naturalistisch darstellen sollten. Die Sieger-Plastik hat letzteres zu 100 Prozent umgesetzt – und dadurch extrem hohe Wellen geschlagen: Sie zeigt das Schneewittchen weniger traditionell und ist – gelinde gesagt – gewöhnungsbedürftig.

Die neue Stadthalle in Lohr am Main und die Schneewittchen-Skulptur (rechts).

Seit 2016 steht nun diese drei Meter hohe Bronze-Skulptur mit merkwürdig verrenkten Gliedern inmitten des kahlen Platzes vor der modernen Stadthalle. Angesichts der so gar nicht märchenhaften Darstellung Schneewittchens war die öffentliche Empörung in den ersten Jahren nach der Enthüllung auf jeden Fall groß. Die 1
Medienpräsenz war enorm und der Begriff des »Horrorwittchens« machte die Runde. Doch die von der Stadt für

SCHNEEWITTCHEN UND DIE REALITÄT — Im Jahr 1986 entdeckte der Lokal-Historiker Dr. Karl Heinz Bartels, dass im Märchen »Schneewittchen und die sieben Zwerge« einige Parallelen zu Lohr und seiner Stadtgeschichte zu finden sind. Nach intensiven Recherchen mit wissenschaftlichen Methoden erbrachte er den Beweis, dass sich das Märchen zwischen Lohr und Bieber im Spessart abgespielt haben musste. Demnach ist Freifräulein Maria Sophia Margaretha Catharina von Erthal, geboren 1725 im Lohrer Schloss, das historische Vorbild für Schneewittchen. Der sprechende Spiegel / Vater, Mutter, Stiefmutter und Schneewittchen / der wilde Wald und der Frischling / die Zwerge und die Berge / der gläserne Sarg / die eisernen Pantoffeln: Alle Fixpunkte des Märchens konnte Bartels mit Fakten, Daten und Örtlichkeiten in der Region belegen.
→ **www.lohr.de**

die Skulptur ausgelobten 100.000 Euro Preisgeld hatten ihren (Werbe-) Zweck mehr als erfüllt und die bundesweite Bekanntheit der Stadt gesteigert.

In dem bald 700 Jahre alten »Kurmainzer Schloss« von Lohr ist das Spessartmuseum beheimatet. Das Schloss zu Lohr am Main, so der geläufige Name, entpuppt sich als echte Schatzkammer des Spessarts: voller Geschichte und Geschichten über hohe Herren und Habenichtse, Kurfürsten, Förster, Fabrikanten, Handwerker, Waldarbeiter und Räuber.

Sie alle lebten im und vom Spessart, viele mehr schlecht als recht. Und wo es ums Überleben ging, waren Einfallsreichtum und besonderes Geschick gefordert. Auf über 2.000 Quadratmetern Ausstellungsfläche wird in vier Ebenen der Berufsalltag von Steinhauern, Schmieden, Häfnern (Töpfern), Zimmerleuten, Schiffbauern, Wagnern, Büttnern, Glasmachern und anderen alten Berufsgruppen wieder lebendig.

Wir verlassen das schmucke Städtchen mit seinen hübschen Gassen und der prächtigen Fachwerkkulisse in der unteren Altstadt. Über eine stolze Steinbrücke geht's über den Main, um gleich dahinter nach rechts auf den bekannten Radweg stromabwärts einzubiegen. Wir merken bald, dass der heutige Streckenabschnitt kaum von anderen Radfahrenden frequentiert wird und damit besonders geeignet ist für Eltern mit kleinen Kindern.

Aus touristischer Perspektive zwar absolut unspektakulär, genießt man umso mehr das Radeln durch reizvolle und harmonische Natur, Wald und Wiesen – ohne besondere Sehenswürdigkeiten. Fahrradfahren pur. Offenen Auges für die Umgebung geht's durch unbekanntes Main-Land. Am anderen Flussufer lädt irgendwann und irgendwo ein Ort namens Rodenbach zum Foto-Stopp.

Fotomotive – wie hier am Gestüt in Rodenbach bei Lohr – verleiten Radfahrende immer wieder zu Zwischenstopps.

FOTO TIPP

Im Mainwasser spiegelt sich das ehemalige **Rienecker Schlösschen,** das heute eine Reitanlage in Privatbesitz beherbergt. Ein paar Kilometer dann erreichen wir Erlach, das über eine Fuß- und Radfahrerbrücke mit dem anderen Mainufer und dem dortigen Hauptort Neustadt verbunden ist. Dessen ehemalige Klosterkirchen St. Michael und St. Gertraud mit dem überraschend großen Doppelturm spiegeln sich ebenfalls hübsch im Main.

Auf der Weiterfahrt in Richtung Marktheidenfeld grenzen alsbald auf 300 Metern die Weiden eines Bauernhofes an unseren Weg. Die Landwirte des dortigen Maintalhofes bewirtschaften 60 Hektar Ackerland und Weideland, auf dem 40 Milchkühe weiden. Aufmerksam beäugen diese die Menschen auf den Stahlrössern auf zwei Rädern.

Wer mit Kindern unterwegs ist, sollte unbedingt dem dortigen Wegweiser zum **Bauernhof** folgen. Eine willkommene Erfrischung im ruhig und schattig gelegenen **Hofcafé** bietet den Eltern einen Moment der Erholung und Ruhe in familiärer Atmosphäre. Die Kinder können währenddessen die Tiere auf dem Hof der Familie Fleckenstein bestaunen.

Die gleichnamige Burg thront über Rothenfels, der wohl kleinsten Stadt in Bayern.

2

DIE KLEINSTE STADT IN BAYERN — Im Schutz der im Jahre 1150 von dem fränkischen Adeligen Marquard II. von Grumbach gegründeten Burg Rothenfels entstand der gleichnamige Ort – pardon: die gleichnamige Stadt. Im Jahr 1342 wurde Rothenfels erstmals als »Stadt« urkundlich erwähnt. Ihr heutiges Gesicht verdankt die gerade einmal 1.000 Einwohner zählende Stadt vor allem den prächtigen Bürgerhäusern aus dem 16. und 17. Jahrhundert entlang der Hauptstraße. 1595 wurden neue Stadttore errichtet, die in der Mitte des 19. Jahrhunderts dem Durchgangsverkehr zum Opfer fielen. Alle Kriege hat Rothenfels unzerstört überstanden, weshalb die Altstadt im Wesentlichen erhalten blieb.
→ **www.rothenfels.de**

Der nächste Ort, der auf der anderen Flussseite auf dem Landstreifen zwischen einem Spessart-Höhenrücken und dem Main liegt, ist **Rothenfels.** Da weder eine Brücke noch eine Fähre uns hinüberbringen kann, können wir die Reize des kleinsten Städtchens Bayerns nur aus der Ferne bestaunen.

Ja, tatsächlich leben die lediglich rund 1.000 Einwohner dieses Main-Fleckens noch heute in einer Stadt – was kurios klingen mag, aber schwarz auf weiß verbrieft und versiegelt ist. Die genauen Anfänge der Stadtgemeinde Rothenfels sind nicht bekannt. Die in der heimatkundlichen Literatur genannte Entstehung als Fischersiedlung im Jahr 1050 ist auch nur eine Legende. Nur noch wenige wunderbare Kilometer auf dem so gut wie menschenleeren Main-Radweg, und wir erreichen bereits das Ziel dieser Etappe: **Marktheidenfeld.** Die fünf Kilometer bis dorthin sind gerade für Familien so empfehlenswert, weil hier nur ganz wenige andere Radlerinnen und Radler unterwegs sind und Kinder deshalb völlig bedenkenlos einfach drauflosradeln können.

Marktheidenfeld selbst ist eines jener typischen Mittelzentren einer Region, die belebt und als Wohnort genauso beliebt sind wie für Tagestourismus.

Die Sehenswürdigkeiten der Stadt und die historischen Gebäude ballen sich alle in der Altstadt: Unter den vielen Fachwerkhäusern ragen die **Laurentius-Kirche** mit ihren wertvollen Gemälden und Fresken, das **Alte Rathaus,** die **Alte Schmiede** und das **Franck-Haus** in der Untertorstraße als »blaues Wunder« heraus. Marktplatz und Maingassen sowie die Uferpromenade zwischen den beiden Mainbrücken laden zum Bummeln ein. Dort beenden wir auch unseren Tag in einem der vielen Restaurants und Cafés.

Besondere Stadthäuser wie dieses 1745 vom Weinhändler Franz Valentin Franck erbaute Anwesen zeugen vom Wohlstand in der Kleinstadt am Mainviereck.

3

Gaststätte / Restaurant / Einkehr
Maintalhof Bauernhofcafé Biergarten (Ferienwohnung)
Familie Fleckenstein, Ansbacher Str. 1
97845 Neustadt am Main, Tel.: 09393-584
www.maintalhof.de

Hotel / Pension / Unterkunft
Hotel Mainblick (mit Außenterrasse am Main-Radweg)
Mainkai 11, 97828 Marktheidenfeld
Tel.: 09391-3021, www.hotel-mainblick.de

Die alte Mainbrücke in Marktheidenfeld wurde aus dem typischen Spessart-Rotsandstein errichtet.

57 km
30 Höhenmeter
3:20 Stunden
Kultur, Natur & Genuss

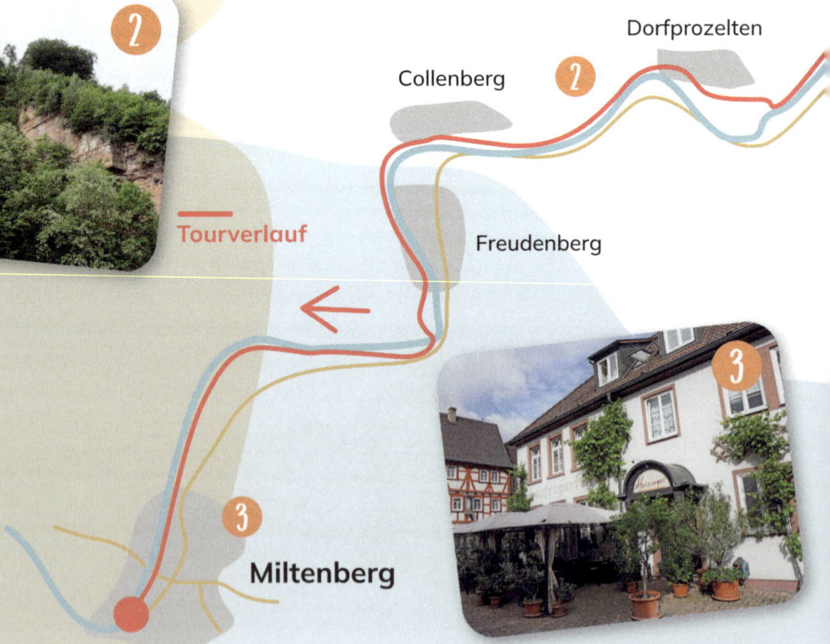

DIE BURGENROUTE

Marktheidenfeld – Wertheim – Miltenberg

Der Main hat sich in Marktheidenfeld, rund 320 Kilometer nach dem Tour-Start in Bayreuth, längst zu einem stattlichen Fluss gemausert. Die Brückenköpfe und Zwischenpfeiler der 1846 eröffneten Straßenbrücke überspannen den Main auf immerhin 190 Metern und bieten der Schifffahrt gleich sieben Öffnungen zur Durchfahrt.

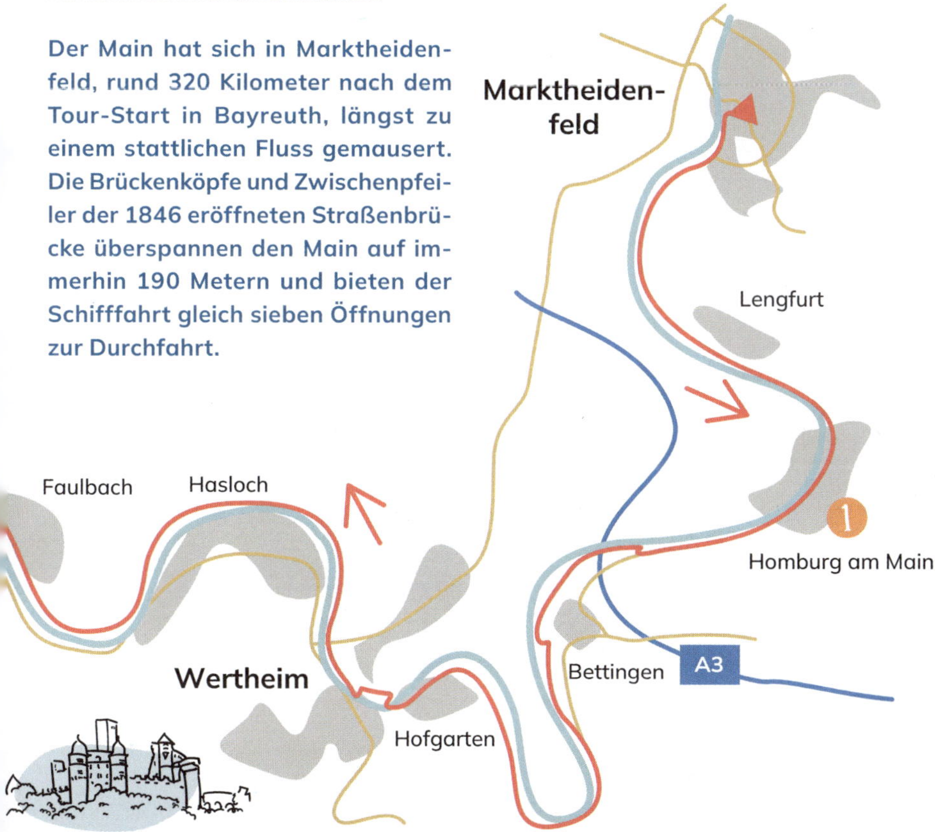

Schon bald nach dem Start erreichen wir **Lengfurt.** An einer Hauswand des Ortes überrascht ein großes **Wandfresko,** das an die Tage im Jahre 1812 erinnert, als Napoleon an der dortigen langen ›Furt‹ mit seinem Heer den Main überquerte. Das Motiv zeigt den

Auch die Stadtpfarrkirche St. Jacobus und die Burg Miltenberg wurden aus dem Roten Buntsandstein erbaut.

HÖHENPROFIL MARKTHEIDENFELD → MILTENBERG

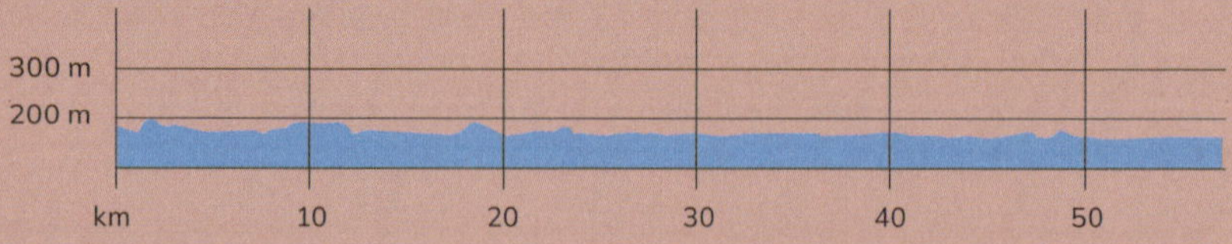

Das Schloss Homburg steht auf einem markanten Tuffstein-Felsen.

General, revolutionären Diktator und Kaiser der Franzosen, wie er auf seinem Pferd zum großen Sprung über den Fluss ansetzte. Wirtschaftlich war die Furt bedeutsam, weil hier die wichtige Post- und Handelsstraße von Frankfurt über Würzburg nach Nürnberg den Main querte.

Wirtschaftlich prägend ist nach wie vor das riesige Zementwerk, das Anfang des 20. Jahrhunderts in unmittelbarer Nachbarschaft zum Main erbaut wurde. Hinter der nächsten Rechtsbiegung des Flusses weckt endlich wieder ein historisches Baudenkmal unser Interesse: **Schloss Homburg** thront auf einem Tuffstein-Felsen weithin sichtbar und lockt uns vom Unterdorf des gleichnamigen Ortes den steilen Weg zum Schloss hinauf. Eingangs des Ortes lädt der 2014 neu gestaltete **Julius-Echter-Platz** zu einer ersten Sattelpause – mit herrlichem Weitblick auf den Fluss. 1

Bei der Abfahrt hinab zum Main können wir endlich einmal unsere Bremsen so richtig testen. Zum Glück ist alles o. k. und voll funktionsfähig. Unten am Fluss angekommen, treten wir auf den nächsten fünf Kilometern entlang des Stroms emsig in die Pedale. Von weitem schon ist die Autobahnbrücke der A3 zu sehen – was fürs Erste nicht weiter erwäh-

EIN GANZ BESONDERER GRENZSTEIN — Zwischen der Autobahnbrücke nahe Bettingen und dem 35 Kilometer stromabwärts gelegenen Freudenberg bildet der Main tatsächlich die Landesgrenze zwischen Baden-Württemberg und Bayern. Es war wiederum Napoleon, der diese Grenze als sogenannte Mainlinie seines Reiches manifestierte. Der monumentale Grenzstein dokumentiert, dass der Main nicht nur zum größten Teil ein bayerischer – Verzeihung: ein fränkischer Fluss ist und zum kleineren Teil ein hessischer Strom. Tatsächlich reicht auch Baden-Württemberg auf diesem Abschnitt an dessen Südufer.

nenswert wäre. Doch auf Höhe des imposanten Bauwerks taucht rechterhand des Radwegs ein überraschender **Grenzstein** auf, der einen neugierig vom Rad steigen lässt.

Wertheim, die große Kreisstadt im Main-Tauber-Kreis, ist tatsächlich die nördlichste Stadt Baden-Württembergs. Hier, am Zusammenfluss von Tauber und Main, blicken die Fachwerkhäuser sowie andere stattliche Bauten der mittelalterlichen Stadt auf eine imposante Geschichte zurück. Die jüngste wirtschaftliche Geschichte des knapp 11.500 Einwohner zählenden Städtchens aber ist weniger glanzvoll.

Zwischen Bettingen, Wertheim und Freudenberg bildet der Main die Grenze zwischen Baden-Württemberg und Bayern.

Wer letztmals Wertheims schmucke Altstadt mit ihren unzähligen Fachwerkhäusern und den darin untergebrachten charmanten kleinen Geschäften vor dem Jahrtausendwechsel besucht hat, wird schmerzhaft feststellen, dass das Mittelzentrum der Region das Schicksal vieler anderer deutscher Städte vergleichbarer Größe ereilt hat.

Das erholsame Schlendern von einem charmanten Fachgeschäft zum nächsten ist Schnee von gestern. Die Kundenströme haben sich in das zwölf Kilometer entfernte, direkt an der Autobahn gelegene Outlet-Center **»Wertheim-Village«** verlagert. Die Wertheimer Innenstadt hat seit der Eröffnung des künstlichen Konsumtempels im Jahr 2003 offenbar zunehmend an Reiz verloren.

Dennoch laden immer noch von Inhabern geführte Ladengeschäfte mit liebevoll und geschmackvoll ausgewähltem Sortiment zum Bummeln ein. Doch die Schnäppchenjäger lassen die Kleinstadt, anders als erhofft, links liegen und geben ihr Geld viel lieber in den sogenannten Marken-Stores des Outlet-Centers aus, das ganz bewusst verkehrsgünstig

Der Marktplatz von Wertheim lädt zu einer willkommenen Rast ein.

an der Autobahnanschlussstelle Wertheim / Lengfurt an der A3 gebaut wurde.

Auf den folgenden 32 Kilometern des Mains zwischen Wertheim und Miltenberg treffen mit dem **Odenwald** (Hessen) und **Spessart** (Bayern) zwei Mittelgebirge am Main zusammen. Die hiesige Region **Churfranken** mit ihren 25 Ortschaften ist abseits des Mains geprägt von Wäldern und Weinbergen.

DER ROTE BUNTSANDSTEIN — Hier in Churfranken hat der rote Sandstein die Flusslandschaft durch die leuchtend roten Wände der Steinbrüche geprägt. Überall leuchtet der Rote Buntsandstein aus dem Boden hervor. Auch sind in Jahrhunderten daraus die heutigen Sehenswürdigkeiten geschaffen worden: Burgen, Schlösser, Kirchen und Klöster. Die charakteristische Farbgebung des Buntsandsteins ist hier allgegenwärtig: Die Mauern der Weingut-Terrassen sind ebenso rot wie die Heiligenstöcke am Wegesrand, die öffentlichen Brunnen, die Hausfassaden, die Mäuerchen und Sockel.
→ **www.spessart-mainland.de**

Zudem säumen auf den nun folgenden Kilometern von Wertheim bis Miltenberg gleich sechs Burgen unseren Weg. Wie Perlen auf einer Schnur sind die Burg Wertheim, die Henneburg, Burg Kollenburg, die Burgruine Freudenberg, die Centgrafenkapelle sowie die Mildenburg dort aufgereiht.

Und weil diese Sechse nicht unbedingt vom Mainufer aus zu sehen sind – allerhöchstens unter ungesundem Verdrehen des Kopfes –, wollen wir die Schmuckstücke an dieser Stelle kurz und knapp vorstellen. Beginnen wir mit der **Burg Wertheim,** die hoch über der Altstadt der »Zwei-Flüsse-Stadt« thront.

Überall auf der Etappe schauen rechts und links des Mains rote Buntsandsteinfelsen an den Uferflanken hervor.

2

Angesichts der langen Bauzeit erscheint es logisch, dass diese zu den größten Steinburgen Süddeutschlands zählt. Strategisch betrachtet ist die Lage oberhalb des Zusammenflusses von Tauber und Main bestens ausgewählt. Heute ist diese weniger wehrtechnisch bedeutsam – vielmehr wegen des atemberaubenden Ausblicks. Wer in Wertheim übernachtet, sollte unbedingt ein Abendessen oder gar den Besuch eines Konzertes einplanen **(→ www.burgwertheim.de)**.

Um die Jahrhundertwende 1200 errichtet, liegt die **Henneburg** oberhalb der Stadt Prozelten in den Wäldern des Südspessarts. Die Anlage gehört dank kontinuierlicher Sanierung und Erhaltung zu den größten Burgruinen Bayerns. Für einen Rundgang durch die Burganlage lohnt es, eine Taschenlampe mitzunehmen: So sind auch die Tiefen der finsteren Wehrgänge zu erkunden.

Zwischen den Ortschaften **Dorfprozelten** und **Collenberg** wurde im 13. Jahrhundert **die Burg Kollenburg** aus jenem hier allerorts anzutreffenden Roten Sandstein errichtet. Nur 50 Meter über dem Main gelegen, sind heute noch die Reste von Wohngebäuden, Zugangsbrücke und Torhaus zu sehen. Die **Burgruine Freudenberg** schließlich liegt – stra-

Die Ruine der Henneburg lockt viele Touristen nach Stadtprozelten.

FOTO TIPP

tegisch naheliegend – oberhalb des Ortes. Der imposanteste Teil der noch erhaltenen Anlage ist der dreistufige Bergfried, der sogenannte **Butterfassturm.**

Sehenswert ist auch die **Centgrafenkapelle** oberhalb von **Bürgstadt.** Zum geschichtlichen Verständnis: Centgraf nannte man Beamte des Mainzer Erzbischofs, dessen Einflussgebiet bis hierhin reichte und der diese Region als Richter verwaltete. Es war einer jener Männer, nämlich Centgraf Leonard Gackstatt, der die Kapelle 1629/1630 erbauen ließ, die aber wegen der Wirren des Dreißigjährigen Krieges unvollendet blieb.

Ebenfalls um 1200 wurde die **Mildenburg** gebaut. Es waren die Mainzer Erzbischöfe, die diese Wehranlage als östliche Grenzsicherung ihres Machtgebietes erbauen ließen. Von der Mildenburg aus genießt man die wunderbare Aussicht auf die Stadt und den Main. Niemand, der einst **Mil-**

FOTO TIPP

EIN BUTTERFASSTURM AM MAIN — So nannte man einst alle zweiteiligen Wehrtürme, bei denen der obere Teil einen geringeren Durchmesser hatte als der untere Turmbau. Die Ähnlichkeit mit den seinerzeit üblichen und überall genutzten Butterfässern ist nicht von der Hand zu weisen. Man kann sich gut die Absicht und Nutzung vorstellen: Der zwischen den beiden Teilen des Turms entstehende Absatz wurde als Wehrgang genutzt und der schlankere Aufsatz als Ausguck. Wer Glück hat oder sich die Radtour so einplanen möchte, dem seien die dortigen Burgfestspiele auf einer Freilichtbühne im Sommer empfohlen.
→ **www.freudenberg-main.de**

Burg Wertheim vom Bahnhof aus gesehen.

Oberhalb von Collenberg gibt das alte Gemäuer der Kollenburg Zeugnis von der Geschichte.

tenberg erreichte, kam umhin, den Centgrafen Zoll zu zahlen.

Statt Zoll zu bezahlen, ist es durchaus empfehlenswerter, das Geld heute Abend lieber in einem der schönen Gasthäuser Miltenbergs auszugeben. Die Qual der Wahl ist in dieser touristisch geprägten Stadt groß. Als Quartier für die Nacht bietet sich das **Flair Hotel Hopfengarten** mit einem feinen und empfehlenswerten Restaurant sowie guter Speisekarte an. Und wer noch weitere Infos zu Miltenberg haben will, sollte ins nächste Kapitel springen – das wir unter anderem auch dieser Perle des Mains widmen werden.

3

Gaststätte / Restaurant / Einkehr
Stadtcafé Göpfert, Café Hahn, Café Klitzeklein, Eiscafé Amici, alle auf dem Marktplatz, 97877 Wertheim

Hotel / Pension / Unterkunft
Flair Hotel Hopfengarten & Restaurant mit Gartenterrasse
Ankergasse 16, 63897 Miltenberg
www.flairhotel-hopfengarten.de
Tel.: 09371-97370

Akku-Ladestation
E-Bike-Ladestation Wald erFahren
Mainstraße 6, 97903 Collenberg

E-Bike-Ladestation Wald erFahren
Neuenbuch
Obere Dorfstraße 24, 97909 Stadtprozelten

Ein nicht enden wollendes Main-Schiff passiert Miltenberg.

Der besondere Charme des Hotels »Hopfengarten« umrahmt unseren Aufenthalt in Miltenberg.

Reizvolle Fotomotive bieten sich überall entlang der Hauptstraße in Miltenberg.

Die Hauptstraße zieht sich durch die historische Altstadt von Miltenberg mit ihren unzähligen Restaurants.

42 km
0 Höhenmeter
2:30 Stunden
Für Neugierige & Entdecker

EINLADENDE STÄDTE UND MUSEEN

Miltenberg – Aschaffenburg

Es zeugt von einer gesunden Portion Selbstbewusstsein: Die drei Main-Anrainer Miltenberg, Bürgstadt und Kleinheubach vermarkten sich touristisch gemeinsam als die »Drei am Main«. Für Radausflügler sind sie alle drei ein idealer Ausgangspunkt für die Entdeckung der Ferienregion Spessart-Mainland.

Vom Kirchplatz führt ein Weg hinauf zur Burg Miltenberg.

Warum die malerische Stadt **Miltenberg** Mitglied der »Deutschen Fachwerkstraße« ist, wird klar, sobald man die stattliche **Mainbrücke** überquert hat. Wohin das Auge in der langgestreckten Innenstadt zwischen dem Fluss und dem zur **Mildenburg** aufragenden bewaldeten Hügel auch reicht, sieht man nur schmucke Fachwerkhäuser.

Der **Marktplatz** mit seinem **Marktbrunnen** ist zweifellos das Herzstück der Stadt. Die gen Burg emporstrebenden Fachwerkhäuser, der den Marktplatz abschließende **Schnatterlochturm,** der **Torbogen** und der Brunnen aus der Zeit der Renaissance gehören womöglich zu den meistfotografierten Stadtansichten in Deutschland. Wir durchqueren vom Marktplatz kommend das historische **»Schwarzviertel«**, den ältesten Teil Miltenbergs mit seinen adretten Baudenkmälern bis hin zum **Schwertfeger Tor.**

Wir fahren unter der Mainbrücke zwischen Niedernberg und Sulzbach hindurch, die bei Flusskilometer 97,980 den Fluss überspannt.

HÖHENPROFIL MILTENBERG → ASCHAFFENBURG

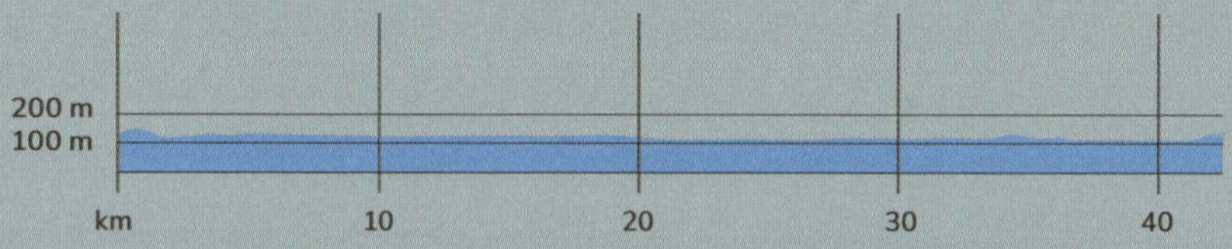

Das »Gasthaus zum Riesen« zählt zu den ältesten seiner Art in Deutschland und wird auch Fürstenherberge genannt. Die erste urkundliche Erwähnung stammt aus dem Jahr 1411. Der heutige Renaissance-Fachwerkbau wurde hingegen 1590 fertiggestellt.

Eine der ältesten Fürstenherbergen Deutschlands ist das **Gasthaus Zum Riesen,** das 1411 erstmals in Urkunden erwähnt wird. Das heutige an dieser Stelle stehende Fachwerkhaus wurde 1590 eingeweiht, weshalb es als eines der ältesten Gasthäuser in Deutschland gilt. Wer sich kurz entschlossen nach dem Mittagessen von fachkundigen und auch kurzweilig plaudernden Stadtführern die »Perle am Main« mit all ihren Schönheiten präsentieren lassen möchte, dem sei **»Miltenberg 14 Uhr«** ans Herz gelegt – die tatsächlich 365 Tage im Jahr angebotenen thematischen Stadtführungen um 14 Uhr.

DER MAIN ALS NASSER LIMES — Auch die Römer haben historische Zeugnisse in Miltenberg hinterlassen, als sie im Zeitraum zwischen 160 und 260 n. Chr. zwei Kastelle errichtet haben. Die beiden römischen Militärlager und Wachposten standen natürlich strategisch im Zusammenhang mit dem Obergermanisch-Raetischen Limes, dem mit 550 Kilometern größten archäologischen Denkmal in Deutschland. Zwischen Miltenberg und dem 60 Kilometer stromabwärts gelegenen Großkrotzenburg verlängerte Kaiser Antonius Pius den Grenzwall als sogenannten »Nassen Limes« und nutzte den Main als Grenze des Römischen Reiches.

Wir konnten uns zuerst gar nicht von diesem Städtchen lösen und wollten unbedingt nochmals einen Blick in das klassische **Spielzeugwaren-Fachgeschäft,** den inhabergeführten Elektrohandel, die klassischen Backstuben und das Hutgeschäft werfen – diese und noch mehr Fachgeschäfte florieren gewiss wegen der vielen Touristen, die hier Reiseandenken en masse finden und auch kaufen.

Doch um weiterzukommen, müssen wir auch dieses malerische Städtchen wieder verlassen. Auf der stadtauswärts

Das Spielwaren-Fachgeschäft Hegmann in der Miltenberger Hauptstraße gleicht einer Fundgrube mit riesiger Auswahl guter Spielsachen.

führenden Mainstraße bleibt zwischen dem Fluss und den steil aufragenden Flanken des Schlossbergs (434 m) kaum Platz, weshalb der Radweg direkt neben die Ausfallstraße in Richtung Kleinheubach geklebt zu schein scheint. Es gibt schönere Abschnitte des Main-Radweges.

Durch die starke Konzentration auf den Straßenverkehr und auf die schwer zu entdeckende Wegleitung des Radstreifens auf die Straßenbrücke über den Main hinüber nach **Großheubach** verpassen die allermeisten Radfahrenden ein ganz besonderes Kleinod. Noch diesseits des Mains im ›kleinen Heubach‹ lohnt ein Abstecher mit Besuch des Fürstlichen Schlosses **»Löwenstein-Wertheim-Rosenberg«**.

FOTO TIPP

Den spätbarocken Prachtbau hat der Architekt Rémy de la Fosse geplant, dessen Handschrift auch am Loire-Schloss Versailles zu bestaunen ist. Die Fürsten zu Löwenstein hatten mit seiner Beauftragung eine wahrlich gute Entscheidung getroffen. Auf der anderen Flussseite erreichen wir Großheubach.

Bereits von der Mainbrücke aus blickt man geradewegs auf eine Anhöhe am anderen Mainufer. Dort oben wurde 1630 ein Kloster errichtet, das von Franziskanerinnen geführt wurde. So kurz nach dem Start in Miltenberg mögen gewiss keine Radfahrenden zu Fuß die sogenannte Engels-

Die Weinlagen von Klingenberg reichen bis hinunter in die Rotweinstadt am Main.

staffel auf den 612 Stufen bergan ins **Kloster Engelberg** pilgern.

Ohne besondere Höhepunkte, dafür umso erholsamer verläuft der Radweg nun von Großheubach aus rechts des Mains auf den nächsten fünf Kilometern flussabwärts. Jedes Schiff, das vorbeischippert, wird dankbar und gerne bestaunt. Immer wieder wird unser Winken mit dem Gruß des Schiffers beantwortet. Alsbald erreichen wir frohen Muts das Rotweinstädtchen **Klingenberg,** das von der Ruine der **Clingenburg** (ja: mit einem ›c‹) überragt wird.

HÄCKER-WIRTSCHAFTEN AM MAIN — Viele Winzer entlang des Untermains laden – meist zeitlich begrenzt – in ihre Häcker-Wirtschaften ein. Sie haben die Schankerlaubnis, meist für zwei bis vier Wochen in ihren Höfen den selbst erzeugten Wein auszuschenken. Oft handelt es sich um reizvoll gelegene Kleinode urig-fränkischer Gastlichkeit. Man setzt sich dazu, wo Platz ist, rückt zusammen und kommt in der Regel schnell ins Gespräch mit einheimischen Gästen. Die entsprechenden aktuellen Termine der teilnehmenden Winzer werden im Internet unter → **www.haecke-in-franken.de** veröffentlicht.

Wohlhabend wurden die Menschen im Städtchen aber weder durch die geschickte Zoll- und Zehntpolitik der Burgherren noch durch den Rotweinanbau. Es war ein Tonbergwerk, welches in der zweiten Hälfte des 19. Jahrhunderts reichlich Geld in den Stadtsäckel spülte. Die Stadtväter kauften davon die Ruine Clingenburg. Heute bildet sie die wunderbare Kulisse für Theaterfestspiele, Stadt- und Weinfeste sowie Freiluft-Konzerte auf dem neu gestalteten Festplatz. 1

Das Heimat- und Weinbaumuseum in Klingenberg ist immer einen Besuch wert.

Ein eigenes Museum in Wörth am Main ist der Geschichte von Schifffahrt, Holzhandel und Schiffbau in der St. Wolfgangkirche gewidmet.

FOTO TIPP

Doch auch ohne eines der zahlreichen Feste lohnt sich wegen des hiesigen **Weinbaumuseums** und des **Stadtschlosses** samt Schlosspark ein Zwischenstopp in Klingenberg. In der Stadt wechselt der Main-Radweg abermals die Uferseite und führt nun wieder ›linksmainisch‹ hinab nach **Wörth.**

Hier beeindruckt die **Stadtbefestigung** samt **Hexenturm, Obertor** und der schmucken Kulisse des kleinen **Schlosses** ebenso wie der Besuch des charmanten **Schifffahrts- und Schiffbaumuseums** in der ehemaligen **St. Wolfgangkirche** – ein echter Gewinn dieser Etappe. Bei der Weiterfahrt entdecken wir beim Blick über den geruhsam dahinziehenden Strom auf Höhe **Elsenfeld** die dortige Schiffswerft, welche die Bedeutung der rund um die Main-Schifffahrt entstandenen Industrien in Erinnerung ruft.

Die Ortsdurchfahrt von **Obernburg** zeigt den Wandel der einst im Jahre 1313 zur Stadt erhobenen Befestigung zu einem funktionalen, aber durchaus lebenswerten Wohnort in der Moderne. Die noch heute erhaltenen **Stadttore, Türme** und **Befestigungsmauern** von Obernburg sowie das kleine, aber feine **Römermuseum** geben dem Ort einen besonderen Reiz.

Vom Main-Radweg aus fällt der Blick auf die Schiffswerft in Erlenbach am gegenüberliegenden Ufer.

Nach einer weniger reizvollen Fahrt auf dem breitesten je gesehenen Radweg – direkt neben der zum Glück abgetrennt verlaufenden vierspurigen Bundesstraße – erreichen wir **Großwallstadt.** Diesen Ortsnamen kennen ältere Sportbegeisterte gewiss noch aus der glorreichen Zeit des Bundesliga Handballs in den 1970ern. Doch anstatt in alter glorreicher Handball-Zeit des TV Großwallstadt zu schwelgen, blicken wir viel lieber auf eine andere Krönung.

Ehrlich gesagt: Die folgenden 15 Kilometer bis Aschaffenburg sind unterm Strich nur Pflichtprogramm. Unterwegs reizt kein nennenswertes Highlight zur Unterbrechung der Fahrt, nichts lädt so richtig zu einer Besichtigung ein. Spaß macht es trotzdem, auch wenn der Schluss der Etappe bis Aschaffenburg durch unspektakuläres Niemandsland führt.

Gaststätte / Restaurant / Einkehr
Star Döner, Römerstraße 58, 63785 Obernburg am Main

Hotel / Pension / Unterkunft
Haus am Janusbrunnen (Bed & Breakfast), Neben der Großen Metzgergasse 7, 63739 Aschaffenburg, www.bed-and-breakfast-aschaffenburg.de
Tel.: 06021-4427893

Akku-Ladestation
Winzerfestplatz
Brückenstraße,
63911 Klingenberg a. Main

E-Bike-Ladestation Dorfplatz
Hauptstraße, 63843 Niedernberg

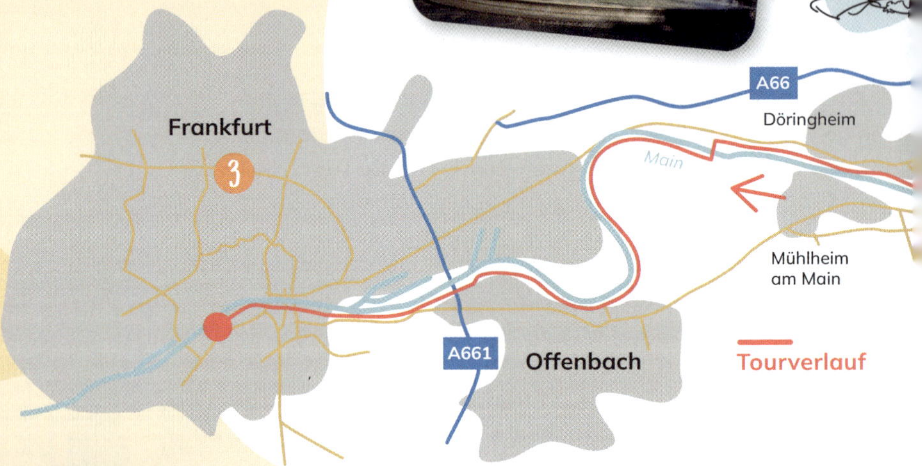

- 42 km
- 10 Höhenmeter
- 2:27 Stunden
- Für Ausdauer & Fitness

AB IN DIE METROPOLE

Dettingen-Karlstein – Hanau – Frankfurt

In Aschaffenburg gibt es neben dem Schloss Johannisburg und dem Pompejanum, dem Nachbau einer römischen Villa, noch weitaus mehr Sehenswürdigkeiten. Doch der Main-Radweg aus der zweitgrößten Stadt am Untermain hinaus bis Seligenstadt bietet touristisch leider nichts wirklich Besonderes. Deshalb startet die heutige Etappe erst im unweit gelegenen Dettingen-Karlstein.

Unterwegs auf dem Mainufer-Radweg bei Offenbach.

HÖHENPROFIL DETTINGEN → FRANKFURT

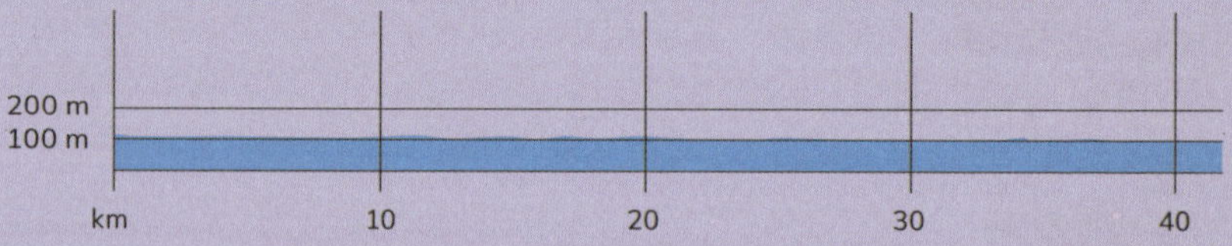

Die Seligenstädter Personen- und Autofähre verbindet das hessische Mainufer mit dem bayerischen.

Auf der Großen Maingasse flanieren Einheimische wie auch Touristen der Einhard-Basilika entgegen.

Am Ende der heutigen Etappe sind wir gewiss, dass die zehnminütige Bahnfahrt mit einem der halbstündig verkehrenden Nahverkehrszüge von **Aschaffenburg** nach **Karlstein / Dettingen** die richtige Entscheidung war. Es gab auch auf den dann folgenden 42 Kilometern entlang des Mains mehr als genug zu sehen.

Vom Bahnhof Dettingen-Karlstein sind es gerade einmal viereinhalb Kilometer zum Fähranleger der Mainfähre hinüber nach **Seligenstadt.** Alles richtig gemacht: Schon bei der Überfahrt ziehen uns die neoromanische **Einhard-Basilika** wie auch die benachbarte ehemalige **Benediktinerabtei** magisch in ihren Bann. Benannt ist die Basilika nach ihrem Bauherrn Einhard, dem wichtigsten Vertrauten Kaiser Karls des Großen.

FOTO TIPP

1

Überhaupt wuchert das Städtchen in seinen Altstadtgassen mit Fotomotiven ohne Ende. Wohin man beim Schlendern in der Stadt auch schaut: überall nur Fachwerk und Kopfsteinpflaster. Etwas holpernd im Schütteltest fin-

WIE SELIGENSTADT ZU SEINEM NAMEN KAM – Der Legende nach brannte Eginhard, so der richtige Name von Einhard, mit der Tochter des Kaisers durch. Emma und Eginhard strandeten am Main und lebten der Legende nach in Obermühlheim, wie Seligenstadt einst hieß. Wie es der Zufall so wollte, kam eines Tages Kaiser Karl der Große in die Stadt und betrat ein Gasthaus, in dem seine Tochter Emma mittlerweile arbeitete. Unerkannt servierte sie ihrem Vater Pfannkuchen, dessen unvergleichlicher Geschmack von diesem sofort wiedererkannt wurde. **»Selig sei die Stadt** genannt, da ich meine Tochter Emma wiederfand«, rief der Kaiser voll Freude aus: Der Stadtname **Seligenstadt** war geboren.

Auf dem Freihofplatz laden Gasthäuser und Cafés mit Blick auf Basilika und Abtei zur Einkehr ein.

Einhard-Basilika und die ehemalige Benediktinerabtei bilden ein architektonisches Kleinod in Seligenstadt.

Die Radfahrer auf dem Main-Radweg erscheinen angesichts der Größe des Kraftwerkes wie Ameisen.

det unser Rad schließlich den Weg zurück zum Main-Radweg. Nun rollt es wieder locker leicht dahin, bis nach knapp drei Kilometern ein Hinweisschild den Weg nach links zur **»Milchtankstelle«** auf dem **Hof Mainau** weist. Einen kleinen Teil der Milchproduktionen ihrer etwa 80 Kühe verkauft die Landwirtsfamilie Müller dort über den Milchautomaten direkt ab Hof.

Schon bald bauen sich die mächtigen Kühltürme und der förmlich in den Himmel wachsende Schlot des **Kraftwerkes Staudinger** in **Großkrotzenburg** vor uns auf. Die Silhouette erscheint ob ihrer riesigen Dimensionen immer unheimlicher, je mehr wir uns dem Koloss vom Main nähern. Schließlich mustern wir auf Höhe von **Hainstadt** direkt vis-à-vis am anderen Flussufer das Kraftwerk.

Entlang des linken Mainufers geht es für uns nun zügig gen Hanau weiter. Kurz zuvor erreichen wir Steinheim, das mit seinen 12.500 Einwohnern eigentlich eine eigene Kleinstadt sein könnte, aber vor bald 50 Jahren (1974) als Stadtteil von Hanau eingemeindet wurde. Steinheim ist nicht von ungefähr Station der Deutschen Fachwerkstraße und überrascht mit einer wunderhübschen Altstadt mit restaurierten Fachwerkhäusern.

Auch wenn der Main-Radweg eigentlich an der Innenstadt der 93.000 Einwohner zählenden, sechstgrößten hessischen Stadt vorbeiführt, widmen wir **Hanau** dennoch unsere Aufmerksamkeit. Am 19. Februar 2020 rückte Hanau wegen eines unfassbaren Ereignisses in die Schlagzeilen, als ein 43-jähriger Rassist in der Innenstadt neun Menschen mit ausländischen Wurzeln tötete und anschließend sich selbst und seine Mutter erschoss.

Vor dem Hanauer Rathaus ist ein Denkmal den beiden berühmtesten Söhnen der Stadt – den Gebrüder Grimm – gewidmet.

Voll des Entsetzens über diese abscheuliche Tat, war man sich in der Stadt zuerst einig, dass ein Mahnmal an die Opfer des fremdenfeindlichen Anschlags erinnern sollte. Die Hinterbliebenen der Opfer wollten das Mahnmal an zentraler Stelle, auf dem **Marktplatz,** errichten – doch die Stadtverordneten sperrten sich, weil dort kein Platz dafür sei.

Die Argumentation: Auf dem Marktplatz vor dem Hanauer Rathaus erinnert bereits das **Brüder-Grimm-Nationaldenkmal** an die beiden größten Söhne der Stadt. Das geplante Mahnmal für die Opfer des Terroranschlages hat noch keinen Standort gefunden (Stand 2022). An die Anschlagsopfer Gökhan Gültekin, Sedat Gürbüz, Said Nesar Hashemi, Mercedes Kierpacz, Hamza Kurtović, Vili Viorel Păun, Fatih Saraçoğlu, Ferhat Unvar und Kaloyan Velkov sei an dieser Stelle dennoch erinnert.

GRÖSSTES KONVENTIONELLES KRAFTWERK IN HESSEN — Bis Mai 2023 wurde der mit Steinkohle befeuerte Block 5 zur Stromproduktion noch eingesetzt, bis der Betreiber Uniper die kommerzielle Kohleverstromung an diesem Standort einstellte (Stand November 2022). Über den 141 Meter hohen Kühlturm wurden gereinigte Rauchgase ausgestoßen. Der Kühlturm von Block 4 ist hingegen »nur« 128 Meter hoch, doch der dazugehörende Schornstein ist 250 Meter hoch und damit der höchste in Hessen. Die hier erzeugte Strommenge reichte aus, um rund zwei Millionen Menschen zu versorgen.

3

Wir wollen aber keinesfalls vergessen, auf zwei besondere touristische Sehenswürdigkeiten hinzuweisen, die einen Abstecher unbedingt lohnen. Das direkt am Main **gelegene Barockschloss Philippsruhe** ist eines der bedeutendsten

Das Barockschloss Philippsruhe wurde vom Hanauer Graf Philipp Reinhard zwischen 1700 bis 1725 vor den Toren der Stadt errichtet.

DAS HESSISCHE PUPPENMUSEUM — Nur drei Kilometer von Schloss und Main entfernt liegt abseits des Main-Radweges mit dem Staatspark Wilhelmsbad ein ganz besonderes Schmuckkästchen. Hier verschwimmt die Grenze zwischen Vergangenheit und Gegenwart und auch zwischen Kindheit und Erwachsenenalter. Im Arkadenbau des Staatsparks ist nämlich das sehenswerte Hessische Puppenmuseum beheimatet. Dank seiner 5.000 Exponate entpuppt es sich als Jungbrunnen für Mütter und Omas sowie als Paradies für kleine Puppenliebhaberinnen. Doch auch Jungen, Väter und Opas werden ihre Freude daran haben.
→ **www.hpusm.de**

Kultur- und Baudenkmäler Hessens und der **Staatspark Wilhelmsbad** ist weit mehr als ein Geheimtipp.

Von dem auf dem rechten Mainufer gelegenen Schloss aus führt die Ausschilderung in Richtung Frankfurt verlässlich zum eigentlichen Main-Radweg zurück. Über die **Staustufe Mühlheim** queren wir den Main, müssen dafür aber vom Rad absteigen und unser Gefährt ein paar Treppen hochtragen. Ebenso geht's aber auch auf dem Radweg entlang des rechten Mainufers bis **Bischofsheim.**

Von dort schippert eine Fähre über den Main nach **Rumpenheim,** wo wir erstmals das Stadtgebiet von **Offenbach** erreichen. In direkter Nachbarschaft zum Main liegt der dortige **Schlosspark** samt **Schloss** und lädt zu einer weiteren Rast ein. Auf den nächsten sechs Kilometern windet sich der Main zuerst um fast 180 Grad nach links, um anschließend

Der Puppen- und Bärenmarkt und das historische Karussell vor dem Hessischen Puppenmuseum im Hanauer Staatspark Wilhelmsbad ist für Jung und Alt ein Ereignis.

An der Schleuse Offenbach vorbei geht's Richtung Frankfurter Stadtgebiet.

die gleiche Kehre in die andere Richtung nach rechts zu vollführen.

Im Linksbogen sieht man auf der anderen Mainseite bereits den östlichsten Frankfurter Stadtteil **Fechenheim.** Im Rechtsbogen braust linker Hand unseres Weges der städtische Verkehr von Offenbach. Von der einst von der Leder-Industrie geprägten Stadt sehen wir wenig. Doch im ehemaligen **Industriehafen** erleben wir die neueste Seite Offenbachs – absolut hip.

Angesichts der fortschreitenden Zeit und wegen des näher rückenden Etappenziels in Frankfurt mobilisieren wir unsere letzten Kraftreserven und erreichen unweit der **Schleuse** Offenbach, nach der Unterquerung der Autobahnbrücke das **Frankfurter Stadtgebiet.** Kaum haben wir den Boden der Mainmetropole unter der Bereifung, begegnen wir auch schon den historischen Spuren des größten Sohnes der Stadt.

Das große Ausflugsrestaurant mit Biergarten linkerhand ist die **Gerbermühle,** in der Johann Wolfgang von Goethe am 28. August 1815 seinen 66. Geburtstag feierte – das aller-

3

An beiden Mainuferseiten bieten Rad- und Fußwege ausreichend Gelegenheit zum Flanieren – wie hier unter der Deutschherrnbrücke am Hafenpark.

FOTO TIPP

letzte Mal in seiner Heimatstadt, bevor er dieser endgültig den Rücken kehrte und nach Weimar zog. Das Kulturdenkmal ist heute eines der beliebtesten und bekanntesten Ausflugslokale der Stadt. Hier lassen wir unsere Gedanken und Gespräche vor der Ankunft in Frankfurt von einem »Stöffsche« inspirieren ...

Verpflegung
Hanau: Wochenmarkt auf dem Marktplatz
Jeden Mittwoch und Samstag
von 7 bis 14 Uhr

Hotel / Restaurant / Biergarten
Gerbermühle
Gerbermühlstraße 105, 60594 Frankfurt am Main, www.gerbermuehle.de
Tel.: 069-68977790

Akku-Ladestation:
E-Bike-Ladestation Dorfplatz
Hauptstraße, 63843 Niedernberg

E-Tankstelle
Bahnhofstraße 15, 63165 Mühlheim am Main

FRANKFURTER NATIONALGETRÄNK — Seit über 250 Jahren gilt der Apfelwein (man nennt ihn auch Ebbelwei, Schoppe oder Stöffsche) als das Frankfurter Nationalgetränk. Standesgemäß getrunken wird er in einer urigen Apfelweinkneipe aus einem Gerippten, einem Glas mit Rautenmuster, eingeschenkt aus einem Bembel. Hier ein paar Fachbegriffe, wie man stilecht seinen Schoppe auf frankforderisch bestellt:

- **Bembel:** blaugrauer Steinkrug, aus dem Apfelwein ausgeschenkt wird
- **Geripptes:** geriffeltes Glas, aus dem traditionell Apfelwein getrunken wird
- **Handkäs mit Musik:** hessischer Sauermilchkäse mit Essig, Öl, Zwiebeln

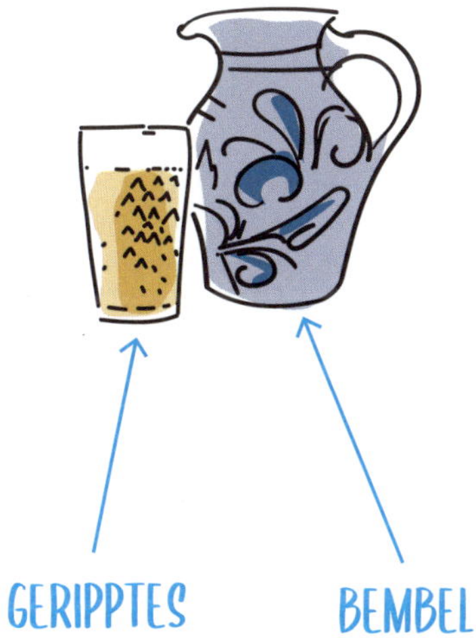

- 23 km
- 0 Höhenmeter
- 1:25 Stunden
- Mit Kindern unterwegs

STADT – LAND – FLUSS

Frankfurt – Höchst – Schwanheimer Düne – Hattersheim

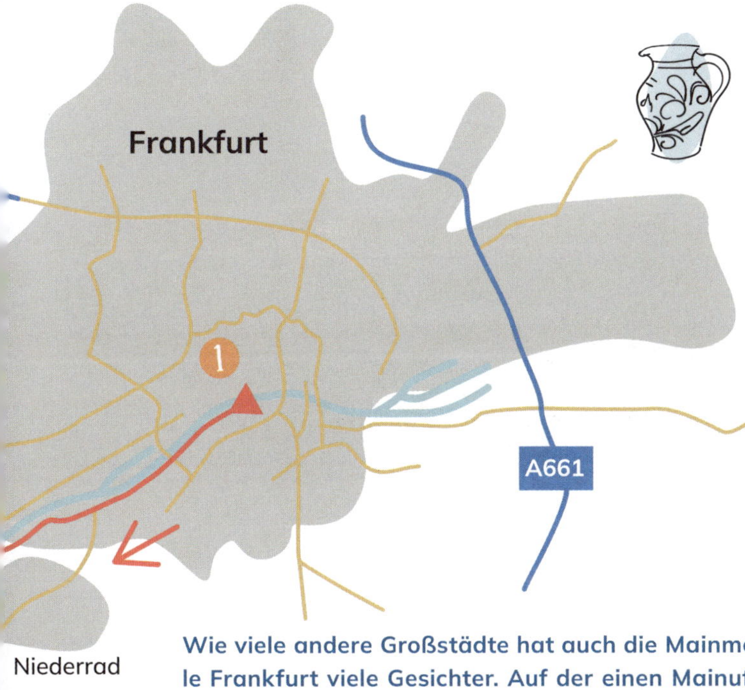

Wie viele andere Großstädte hat auch die Mainmetropole Frankfurt viele Gesichter. Auf der einen Mainuferseite gigantische Bankenhochhäuser, gegenüberliegend ein Museumsufer, das seinesgleichen in Deutschland sucht. In Frankfurt pulsiert der Flug-, Zug- und Autobahnverkehr und bildet den größten deutschen Verkehrsknoten. Nicht zuletzt gibt es die traditionsreichen Studentenviertel mit den Szene- und Kultkneipen sowie eine der umsatzstärksten Fußgängerzonen in Deutschland.

Der Westhafen war einst ein Binnenhafen am rechten Mainufer. Heute ist hier ein mondänes Wohnquartier entstanden.

HÖHENPROFIL FRANKFURT → HATTERSHEIM

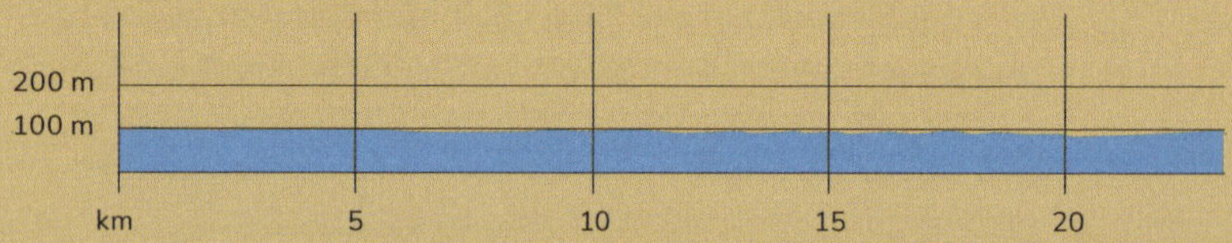

Historisch sind lediglich die ursprünglichen Vorbilder dieser Fachwerk- und Stadthäuser in der »neuen Altstadt«. Die 2018 eröffneten Rekonstruktionen von 35 Häusern locken seither Hundertausende Besuchende an.

FOTO TIPP 1

Eigentlich geht nichts an einem Frankfurt-Besuch für mindestens ein Wochenende vorbei. Wir besuchen zu Beginn der heutigen Etappe unbedingt noch die **»Neue Altstadt«**. Seit ihrer festlichen Eröffnung 2018 ist diese ein absolutes Muss bei jedem Städte-Trip nach Frankfurt.

Kaum mehr vorstellbar angesichts der heutigen Skyline: Wegen ihrer historischen Altstadt, mit 1.250 aus dem Mittelalter stammenden Fachwerkhäusern, galt Frankfurt als eine der größten Fachwerkstädte Deutschlands.

Doch der Luftangriff der Alliierten am 18. März 1944 vernichtete die Altstadt und brachte den Menschen Leid und tausendfachen Tod. Die historische Altstadt wurde von den aus 750 Flugzeugen abgeworfenen 1.300 Sprengbomben,

DIE »NEUE ALTSTADT« — Nach jahrzehntelanger Planung hat die Neue Altstadt der Mainmetropole weitere Strahlkraft für den Städtetourismus verliehen. Teile der im Zweiten Weltkrieg komplett zerstörten Altstadt wurden für rund 200 Millionen Euro rekonstruiert. Es entstanden 35 Häuser – von denen 20 komplett neu entworfen wurden – sowie 15 originalgetreue Rekonstruktionen. In zentraler Innenstadtlage zwischen Römer und Dom gelegen, erinnert das Jahrhundertprojekt »Altstadtrekonstruktion« zugleich an die schwärzeste Stunde der Stadtgeschichte.
→ **Hessenschau auf www.youtube.com/watch?v=2Fv55ItptLQ**

Seit dem 15. Jahrhundert beherbergt der sogenannte Römer mit seiner charakteristischen Treppengiebel-Fassade das Rathaus der Stadt Frankfurt.

500.000 Stabbrandbomben und 50.000 Flüssigkeitsbrandbomben dem Erdboden gleichgemacht.

Der direkt angrenzende **Römerberg** ist samt dem **Römer,** dem **Kaiserdom** und der **Paulskirche** seit jeher der meistbesuchte Hotspot der Stadt. Er erinnert an bedeutende Epochen und Ereignisse der deutschen Geschichte. Seit mehr als 600 Jahren wird im Römer als Rathaus der Stadt um die Entwicklung Frankfurts politisch gerungen, gestritten und entschieden:

Der langgezogene Balkon des Römers aber ist deutschlandweit bekannt, weil sich darauf frischgekrönte Welt- und Europameister des deutschen Fußballs nach Ankunft am Frankfurter Flughafen bei offiziellen Empfängen erstmals auf deutschem Boden von Tausenden Menschen auf dem Platz frenetisch feiern lassen.

Jetzt aber hurtig auf den Sattel. Wir beginnen den Tag am südlichen Brückenkopf des **Eisernen Stegs** auf der anderen Mainseite, wo im Stadtteil **Sachsenhausen** mit seinen Apfelwein-Kneipen allabendlich das Herz der Stadt schlägt. Heute sagt man auf der südlichen Mainseite augenzwinkernd, dass die Sachsenhäuser zwar Frankfurter, aber die Frankfurter nicht zwingend Sachsenhäuser seien.

Voller Stolz weisen sie darauf hin, dass sie »dribbdebach« leben, auch wenn einst der bessere Teil der Gesell-

Der Eiserne Steg verbindet die Frankfurter Innenstadt mit dem Sachsenhäuser Ufer.

Unterhalb der Höchster Altstadt legt diese Fußgänger- und Radfahrer-Fähre ab hinüber in Richtung Schwanheimer Düne.

Ein Bohlenweg führt quer durch die Schwanheimer Düne und ihre Naturwunder.

schaft »hibbdebach« inmitten der Altstadt lebte: also »hüben und drüben« beziehungsweise »hier auf dieser Seite« und »auf der anderen Seite«. Ein letztes Mal blicken wir von »dribbdebach« über den Fluss auf die imposante Skyline und später dann auf ein mondänes neues Wohnquartier.

FOTO TIPP

Ein kurioses **Hochhaus** auf dem anderen Ufer erinnert wegen seiner runden Struktur und besonderen Verglasung an eines der original Frankfurter Apfelweingläser, weshalb es im Volksmund gerne »Geripptes« genannt wird. Das ist der Name für die klassischen 0,25-Liter-Gläser, in denen in den Sachsenhäuser Apfelwein-Kneipen das beliebte »Stöffsche« serviert wird.

Neun Kilometer nach dem Start am Eisernen Steg heißt es »Obacht geben«: Dort, wo am **Schwanheimer Ufer** die B40-Straßenbrücke den Main quert, können wir uns als Radtouristen entscheiden, ob wir nun weiter der Ausschilderung des Main-Radweges folgen oder noch einen Abstecher in den Stadtteil Höchst machen möchten.

Variante (A) führt nach **Höchst,** in den traditions- und geschichtsträchtigen Stadtteil am Westrand Frankfurts – der eigentlich viel zu wenig Beachtung unter Touristen findet. Variante (B) umfährt den großen Industriepark der einstigen Höchst AG am Rande des bemerkenswerten Naturschutzgebietes **»Schwanheimer Düne«.**

Der Bolongaropalast und dessen Garten in Frankfurt-Höchst grenzen gen Süden an das Hochufer des Mains – dort, wo die Nidda in den Strom mündet.

2

Variante (A): Im Zickzack des ausgewiesenen Radweges fahren wir über separate Rampen auf die Mainbrücke der B40 an das hiesige Nordufer. Dort angekommen, treten wir stromabwärts in die Pedale. Nach wenigen Kilometern erreichen wir den heutigen Stadtteil **Höchst,** der dem heute so bedeutenden Frankfurt eigentlich immer voraus war.

FRANKFURTS GEHEIMTIPP: HÖCHST — Der Stadtteil gilt wegen seiner historischen Altstadt als echter Geheimtipp. In der wunderschönen, unter Denkmalschutz stehenden Fachwerk-Altstadt locken quirliges Treiben auf dem Markt, versteckte inhabergeführte Geschäfte, das Schloss mit Schlossplatz samt Gastwirtschaften sowie die Justinuskirche. Die dreischiffige Basilika stammt aus der Zeit nach 830. Sie ist das älteste noch erhaltene Gebäude in Frankfurt sowie eine der wenigen fast vollständig erhaltenen frühmittelalterlichen Kirchen in Deutschland.
→ **www.frankfurt-tourismus.de**

Höchst wurde das erste Mal im Jahre 790 in Urkunden als »Villa Hostato« erwähnt und erhielt 1355 die Stadtrechte mitsamt einer Stadtmauer. Die heutige Mutterstadt Frankfurt hingegen wurde erst vier Jahre später zum ersten Male urkundlich erwähnt und erhielt erst im Jahr 1372 den Status einer (Reichs-)Stadt. 1928 wurde Höchst in die Mainmetropole eingemeindet.

Wir erreichen Höchst an der Mündung der Nidda in den Main – rund 90 Kilometer nach ihrer Quelle unterhalb des Taufsteins im Vogelsberg. Dabei queren wir den Zufluss auf einer schmalen Fußgängerbrücke – unbedingt absteigen. Über **Seilerbahn** und den **Mainberg** erreichen wir die mit Kopfsteinpflaster belegte Uferpromenade namens **»Batterie«.**

Von hier aus führt ein zum **Schloss** ausgeschilderter Querweg. Die Stadtbefestigung wird durch das Maintor

Der alte MAN-Drehkran steht als Industriedenkmal in Erinnerung an den einstigen Kohleumschlag am Höchster Binnenhafen.

durchquert zum dahinterliegenden **Zoll-Turm.** Der tatsächlich einzige Zugang vom Main öffnet sich zum wunderschönen **Schlossplatz,** der mit einer historischen Fachwerkhaus-Zeile aus dem 16. bis 18. Jahrhundert abgegrenzt ist.

Hier laden uns die Außenterrassen der Gaststuben **»Zum Bären«**, **»Alte Zollwache«** und **»Zum Schwan«** zu einer Stärkung ein. Zurück am Mainufer, besteigen wir an der Batterie die dort anlegende Fähre namens **»Walter Kolb«**. Es ist die einzige Fähre auf Frankfurter Gemarkung und sie darf nur von Fußgängern und Radfahrenden genutzt werden. Auf der anderen Mainseite angekommen, folgen wir der Ausschilderung zur **»Schwanheimer Düne«**, wo wir auf den Radweg der Variante (B) stoßen.

DIE SCHWANHEIMER DÜNE — Das Naturschutzgebiet ist die Heimat einer der wenigen Binnendünen Europas. Sie entstand nach der letzten Eiszeit vor 10.000 Jahren aus Sanden, die aus dem Flussbett des Mains hierher verweht wurden. Im vorletzten Jahrhundert rodeten Bauern den darauf gewachsenen Wald und legten Kirschbaumwiesen an. In der zweiten Hälfte des 19. Jahrhunderts beendeten mehrere Trockenperioden diese vergeblichen Versuche der Bewirtschaftung. Die Düne lag brach und begann – unglaublich, aber wahr – zu wandern.

Variante B: Vom zuvor genannten Ausgangspunkt, der unübersichtlichen Kreuzung zwischen dem Schwanheimer Ufer und der B40, folgen wir der Ausschilderung des Main-Radwegs und streifen das Naturschutzgebiet »Schwanheimer Dünen«, bevor wir auf etwa fünf Kilometern Weglänge den **Infraserv-Industriepark Höchst** umrunden.

In unmittelbarer Nähe des Mainufers entstehen auf dem ehemaligen Industrie-Areal einer Papierfabrik Neubau-Quartiere.

Straßencafés in der Hattersheimer Innenstadt.

In direkter Nachbarschaft dieses Naturwunders liegt der moderne Industriepark, der aus der ehemaligen Hoechst AG hervorgegangen ist. Ohne die chemische Industrie der ehemaligen Hoechst AG wäre der Frankfurter Stadtteil wohl nie so bekannt geworden. Auf dem etwa 460 Hektar großen Industriepark der Infraserv Höchst arbeiten etwa 22.000 Menschen in über 90 Firmen der Chemie-, Pharma- und Healthcare-Branche. 3

Der Main-Radweg wird nach Umrundung des Industrieparks indes auf der sogenannten **Werksbrücke** erneut über den Fluss geführt. Entlang des rechten Ufers geht es schließlich unter der breiten Straßenbrücke (B40) hindurch und entlang der Schlammentwässerungs- und Verbrennungsanlage der Stadtentwässerung Frankfurt nach Okriftel. Dort verlassen wir erstmals den Main-Radweg nach rechts in Richtung **Hattersheim,** wo diese Etappe endet.

Gaststätte / Restaurant / Einkehr
Zum Schwanen, Zum Bären, Altes Zollhaus
Alle auf dem Höchster Schlossplatz, 65929 Frankfurt am Main

Hotel / Pension / Unterkunft
Pension zum Hirsch
Sarceller Straße 3, 65795 Hattersheim
www.pensionzumhirsch.de, Tel.: 06190-7529844

- 16 km
- 10 Höhenmeter
- 1:00 Stunden
- Mit Kindern unterwegs

DIE REGIONALPARK-ROUTE

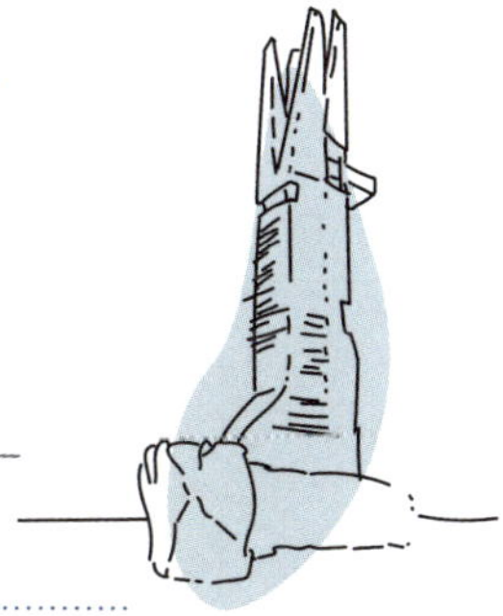

Hattersheim – Weilbacher Kiesgruben – Wicker – Flörsheim

Auf der heutigen Etappe »gehen wir fremd«: Für einen kleinen Abstecher verlassen wir den Main-Radweg und blicken auf den Regionalpark Rhein-Main. Das gesamte Rhein-Main-Gebiet ist mit einem 550 Kilometer langen Netz von Regionalpark-Radwegen erschlossen. Dieses Radwege-Netz durchquert die verschiedensten und manchmal auch vergessene Kultur- und Naturlandschaften rund um Frankfurt und macht diese für Radfahrende erlebbar. Von Hattersheim bieten sich zwei Kurzetappen bis zum Ziel unserer Träume in Mainz an. Die vorgeschlagenen Tagesetappen (14 und 15) lassen sich aber auch durchaus zu einer rund 30 Kilometer langen Tagestour verknüpfen. Wer den gesamten Main-Radweg abfährt, hat mit einer Doppeletappe noch einen zusätzlichen Tag für einen Aufenthalt in der rheinland-pfälzischen Landeshauptstadt Mainz gewonnen – was absolut lohnenswert ist.

Den Startpunkt für unsere Route abseits des Main-Radwegs (wo bis nach Flörsheim auch keine wirklich nennenswerten Sehenswürdigkeiten zu sehen wären) auf der **parallel** laufenden Regionalparkroute haben wir an den Stadtrand von **Hattersheim** verlegt.

Unweit des S-Bahnhofs überqueren wir auf dem sogenannten **»Hessendamm«** die Bahngleise – genau genommen

Die roten Dreiecke markieren rund 550 Kilometer Regionalpark-Radwege. Das rote Viereck mit weiß aufgefächertem Halbkreis markiert die Regionalpark-Rundroute.

HÖHENPROFIL HATTERSHEIM → FLÖRSHEIM

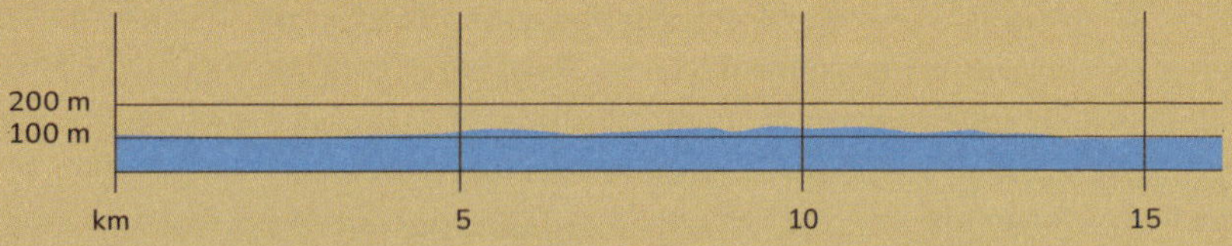

Es ist zwar erst Anfang August – doch die Linden bestandene Wasserwerk-Chaussee am Rande von Hattersheim trägt bereits ein herbstliches Kleid.

auf dem Radweg, der auf der Straße nach Okriftel (L3011) geführt wird. Gerade einmal einen Kilometer nach der Brücke liegt rechterhand der stadtauswärts führenden Straße das **Rosarium,** eine wunderbar duftende Parkanlage.

Ab dem Rosarium wird die Regionalparkroute (RPR) für uns wegleitend sein, die auch ab der benachbarten **Wasserwerk-Chaussee** ausgeschildert ist. Zu diesem Radwegenetz später mehr. Voll Ehrfurcht, vor allem aber mit einer gehörigen Portion Skepsis blickt man auf die historische Kopfsteinpflasterallee. Katzenköpfe gehören nun wirklich nicht zu den optimalen Belägen für Fahrradwege.

Dennoch ist die Fahrt entlang der mit über 100 Jahre alten, mächtigen Linden gesäumten Allee ein Erlebnis der ganz besonderen Art. Gut 700 Meter lang werden wir auf der Holperpiste bis zu einer **alten Brücke** gut durchgeschüttelt. Spätestens jetzt sind wir wach. Wir folgen der RPR-Aus-

ROSIGE ZEITEN IN HATTERSHEIM 1
— Radelnde Rosenliebhaber sollten unbedingt im Rosarium die Schönheit und den betörenden Duft von 6.500 Rosen (100 verschiedene Arten) auf sich wirken lassen. Diese erinnern an eine Zeit, als Hattersheim den Beinamen »Stadt der Rosen« trug. Ende des 19. Jahrhunderts hatten sich in Hattersheim die drei ersten Gärtnereien auf den Anbau von Schnittrosen spezialisiert, die über den Frankfurter Großmarkt nach ganz Europa exportiert wurden. In den 70er Jahren wurde auf einer Fläche von umgerechnet 75 Fußballfeldern die »Königin der Blumen« angebaut.

An der Flörsheimer Fahr am Raunheimer Mainufer verband bis 1928 eine Fähre die Städte Flörsheim (im Bild) und Raunheim.

Das Rosarium ist ein blühendes Wunder.

schilderung über eine Bahnlinie, dort am Waldrand entlang, um dann nach rechts gen **Weilbach** und zum **»Naturschutzhaus – Weilbacher Kiesgruben«** abzuzweigen.

Durch das üppige Gelb der in voller Blüte stehenden Rapsfelder geht es auf die 1997 neu gepflanzte **Speierlingsallee,** die linkerhand abknickt. Am Ende grüßt von weitem der **›Rabe‹**, eine silbrig glänzende, drei Meter hohe Aluminium-Skulptur, die uns den weiteren Weg hinein in eine unwirkliche, rotbraune Kraterlandschaft weist: die **Weilbacher Kiesgruben.** Keine Sorge, ja, wir sind auf dem richtigen Weg.

Beidseits des Radwegs blicken wir in tiefe Gruben, in denen die Motoren von Muldenkippern und schweren Baggern dröhnen. Der abgetragene Kies wird von monoton ratternden Förderbändern abtransportiert. Das, was in und um die Weilbacher Kiesgruben passiert, darf ohne Zweifel als Pionierleistung gewürdigt werden. Aus der einst industriell ausgebeuteten Landschaft sind heute lebendige Naturschutzgebiete erwachsen.

Der Rohstoffhunger der Menschen bei der Entwicklung der Rhein-Main-Region war enorm. Für den Bau der Limesstadt in Schwalbach wurden zwischen 1962 und 1973 in

Die Weilbacher Kiesgruben werden nach dem Ende des Kiesabbaus renaturiert.

den Weilbacher Kiesgruben die Baumaterialien gewonnen. Später wurden die Kiesgruben wieder mit dem Aushub vom Frankfurter U-Bahnbau verfüllt. Über mehrere Jahrzehnte wurden sie renaturiert und stehen heute unter Naturschutz. Dieses und noch viel mehr ist Ergebnis und Aufgabe des Regionalparks Rhein-Main.

Auf dem Freizeitgelände des **Regionalpark Besucherzentrums** bietet der alles überragende, 42 Meter hohe **Aussichtsturm** einen grandiosen Blick auf das gesamte Areal der Weilbacher Kiesgruben und weit darüber hinaus. Von Norden grüßen die Bergflanken des **Naturpark Taunus** und südwärts liegt das Ballungsgebiet mit dem Flughafen, Industriegebieten, Hochhäusern und – überraschend – dennoch immer wieder ganz viel Grün.

Nachdem wir uns reichlich Zeit genommen und uns in der Ausstellung des Besucherzentrums ausreichend und in-

RADWEGE IM REGIONALPARK RHEIN-MAIN — Wohnen, Verkehr, Industrie und Gewerbe, Landwirtschaft, Natur und Freifläche – alles existiert auf engem Raum nebeneinander im Rhein-Main-Gebiet. Die alles entscheidende Frage: Wie viel von alledem braucht der Mensch zum Leben? Um den Bürgerinnen und Bürgern bei deren Beantwortung zu helfen, wurde der Regionalpark Rhein-Main gegründet. Seine Aufgabe ist es, den Menschen Freiflächen wieder als Erholungsraum zurückzugeben und die Natur bewusst zu machen. Bis heute sind rund 550 Kilometer Regionalparkrouten entstanden – überall wird entlang des Weges auf Schautafeln die Region erklärt.
→ **www.regionalpark-rheinmain.de**

FOTO TIPP

Der 18 Meter hohe Eisenbaum bietet als Aussichtsturm Rundumblicke ins Rhein-Main-Gebiet.

teressiert informiert haben, folgen wir der RPR-Beschilderung in Richtung **»Flörsheimer Eisenbaum«** und **»Aussichtspunkt A3«**. Im Zickzack führen uns schmale, aber gut ausgeschilderte Radwege zu einem Aussichtspunkt kurz vor der Brücke über die Autobahn und die ICE-Schnellbahnlinie.

An diesem Ort vermischt sich der Takt der Verkehrsströme der Rhein-Main-Region zu einer einzigartigen Klang-Collage: Das permanente Brummen nicht enden wollender Autoschlangen auf der A3 wird im 20-Minutentakt vom Zischen vorbeirauschender ICE-Züge übertönt. Den Schlussakkord bildet ein satter Düsensound aus den Triebwerken der nach Norden startenden Flugzeuge.

300 Meter nach der Querung der Autobahn tauchen wir in eine andere Welt. Der Kontrast könnte nicht größer sein: **Bad Weilbach** erzählt mit seiner idyllischen Parklandschaft von der kurzzeitigen Blüte des Kurbetriebs Ende des

Das klassizistische Kurhaus mit alten Badeanlagen sowie der Schwefelbrunnen-Pavillon erzählen von der kurzzeitigen Blüte des Kurbetriebs von Bad Weilbach Ende des 19. Jahrhunderts.

FOTO TIPP

Vom 42 Meter hohen Aussichtsturm am Besucherportal der Regionalparkroute hat man einen guten Blick auf das renaturierte Areal der Weilbacher Kiesgruben.

Die Stadt Flörsheim am Main erfreut mit der Pflege ihres Damwild-Geheges in Bad Weilbach Jung und Alt.

2

Die Flörsheimer Warte ist eine Rekonstruktion des historischen Wehrturms aus dem ausgehenden 15. Jahrhundert.

19. Jahrhunderts im klassizistischen **Kurhaus** mit **Badeanlagen** und **Schwefelbrunnen-Pavillon.**

Vorbei an einem **Damwild-Gehege** durchqueren wir ein feuchtkühles Wäldchen. Dahinter passieren wir eine eigens für die RPR entworfene **Skulpturen-Allee,** deren von Künstlerhand geschaffene Steinmetzarbeiten sich bis Wicker aneinanderreihen. Am Ortsrand von **Wicker** öffnet sich der Blick auf die in Reih und Glied stehenden **Weinreben.** Tatsächlich beginnt hier an Ort und Stelle das Weinanbaugebiet des Rheingau-Rieslings.

Lust auf ein Schlückchen in Ehren? An den Wochenenden ist das kein Problem. Heimische Winzerinnen und Winzer laden dann entlang des Rad- und Wanderweges (auch auf der RPR) zum Verweilen ein und bewirten die Ausflügler mit unterschiedlichsten Speisen und Weinen der Region. Ab der **Flörsheimer Warte,** einer Rekonstruktion eines Wehrturms aus dem 15. Jahrhundert, folgen wir der Ausschilderung in Richtung »St. Anna-Kapelle« und »Eisenbaum«.

Wir rollen in die idyllische, von Erlen bestandene **Wickerbachaue** hinab. Nach einem kleinen letzten Anstieg erreichen wir dann die **St. Anna-Kapelle.** Über die Reben des **Weinguts Wiesenmühle** blickt man auf die 85 Hektar große Deponie Wicker, in der bis 2005 rund zehn Millionen Kubikmeter Hausmüll aus der gesamten Region eingelagert wurden.

Am Wegekreuz vor der 1715 erbauten **Hauskapelle** der Wiesenmühle gabeln sich die Radwege. Lässig lassen wir die Räder bergab parallel zum **Mühlgraben** und **Wickerbach** in Richtung Mainebene rollen. Nach herrlich leichter Abfahrt auf feinstem Splitt-Belag heißt es nach der Unterquerung der L3028 »Aufpassen«! Sofort nach der Straßenbrücke kreuzt der Main-Radweg (R3), auf den wir nach links in Richtung **Flörsheim** abbiegen. Am Mainufer laden zahlreiche Außenterrassen dazu ein, unseren Tag ausklingen zu lassen. Dabei blicken wir auf den Fluss und auf historische Zeugen der Main-Querung.

DIE FLÖRSHEIMER FAHR — Das gegenüber von Flörsheim gelegene Raunheimer Mainufer wurde über die Flörsheimer »Fahr« erreicht. Bis zum Bau der ersten Opelbrücke 1928 verband eine Fähre die beiden Städte. Bevor der Main zu Beginn der 1880er Jahre ausgebaut und für Kähne mit großem Tiefgang schiffbar gemacht wurde, verband an dieser Stelle eine Furt Raunheim und Flörsheim. Heute undenkbar, aber seinerzeit war der gesamte Main oft kaum tiefer als 50 bis 150 Zentimeter: Für die flachen Treidelkähne aus noch älteren Zeiten reichte das.

Der Mainstein in Flörsheim ist eine Stele aus Sandstein. Sie zeigt Flörsheim und seine Stadtteile sowie die Besonderheiten der Stadt.

Gaststätte / Restaurant / Einkehr
Restaurant Zum Wilden Esel
Besucherzentrum des Regionalpark RheinMain / Naturschutzhaus
Frankfurter Str. 76, 65439 Flörsheim a. M.
www.zumwildenesel.de,
Tel.: 06145-502905

Hotel / Pension / Unterkunft
Gästehaus Altstadt Galerie (Geheimtipp)
Konrad-Adenauer-Ufer 19, 65439 Flörsheim am Main
www.floersheim-main.de, Tel._ 06145-2600

18 km
0 Höhenmeter
1:10 Stunden
Für Neugierige & Entdecker

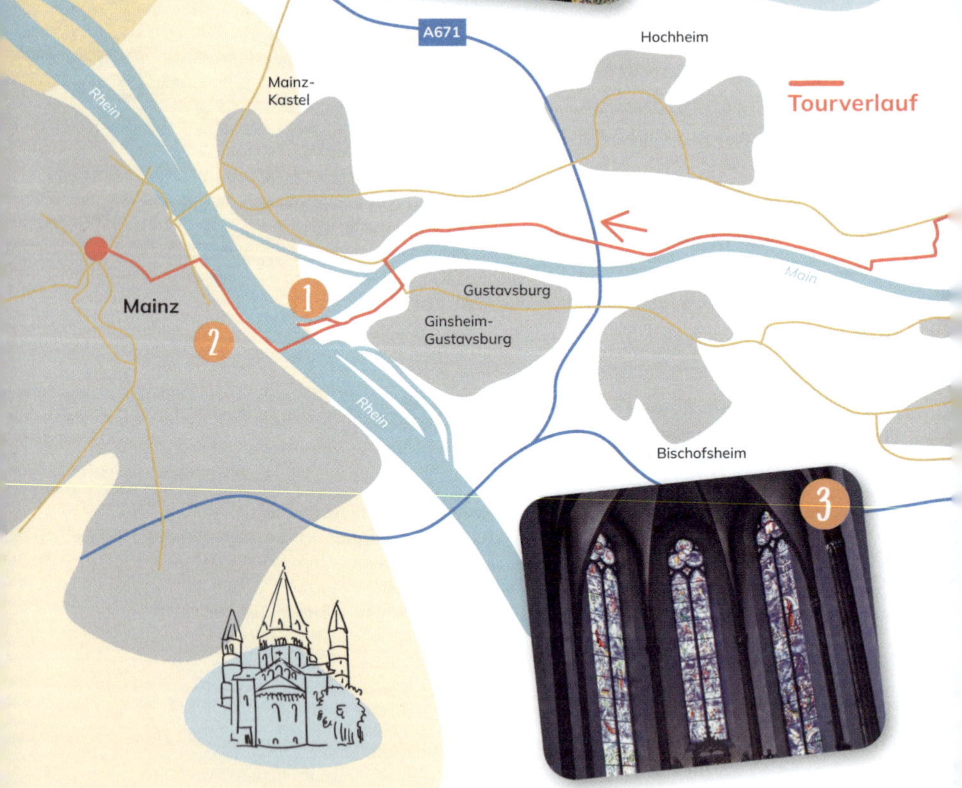

DIE KRÖNUNG ZUM SCHLUSS

Flörsheim – Mainspitze – Mainz

Unser persönliches Tour-Finale ähnelt vom Charakter her dem Einstieg der Abschlussetappe bei der Tour de France. Diese führt bekanntlich die Profi-Radrennfahrer im Bummeltempo vor die Tore von Paris. Doch keine Sorge, in unserem Zielort Mainz wird heute nicht ein solches Spektakel wie auf den weltberühmten Champs-Elysées veranstaltet. Wir beenden unsere Radtour entlang des Mains nicht im rasenden Sprint wie die Radprofis in Paris: Stattdessen passieren wir erstmals auch den Rhein und rollen voller Eindrücke und auch mit etwas Stolz ins Ziel.

Die heutige Schlussetappe führt uns entlang des Mains von Flörsheim zur Mainspitze und zuletzt mitten hinein in die rheinland-pfälzische Landeshauptstadt Mainz. Am Morgen finden wir in **Flörsheim** den Main-Radweg ganz leicht. Direkt am Ufer verläuft er hier gleich doppelt ausgeschildert und nicht zu verfehlen – auch als Hessischer Radfernweg R3.

Hinter Flörsheim werden wir im Zickzack vom Mainufer weg- und durch ein Industriegebiet geführt, wodurch wir das Großtanklager des Mineralölkonzerns Shell glücklicherweise umfahren. Alsdann rollen wir parallel zur Bahnlinie

Die Mainzer Pfarrkirche St. Stephan birgt mit den von Marc Chagall gestalteten Kirchenfenstern einen von Touristen viel besuchten kulturellen Schatz.

HÖHENPROFIL FLÖRSHEIM → MAINZ

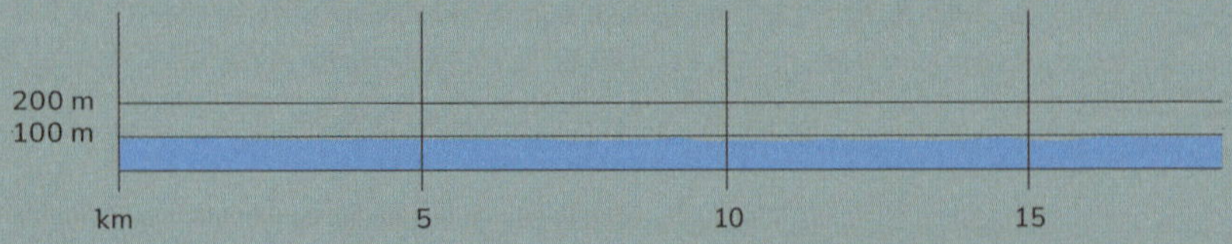

Denkmal am Rande der Weinberge von Hochheim.

Vom Main-Radweg aus sieht man von Hochheim einzig die Pfarrkirche St. Peter und Paul.

am Fuß der **Weinberge** direkt am geschichtsträchtigen **Königin-Victoria-Denkmal** vorbei in Richtung Hochheim.

Von **Hochheim** selbst sehen wir heute lediglich die **Pfarrkirche St. Peter und Paul.** Sie thront – wo auch sonst – oberhalb der Weinberge und grüßt zum Radweg hin. Die Stadt selbst lassen wir für diese Route rechts liegen, obwohl natürlich auch hierhin ein Abstecher denkbar ist. Schon bald hinter der folgenden Auenlandschaft erreichen wir den südlichsten Wiesbadener Stadtteil **Mainz-Kostheim.**

WEIN AUS HOCHHEIM FÜR DAS BRITISCHE KÖNIGSHAUS — »Good hock keeps off the doc«. Ein Leitspruch, dem auch Königin Victoria gefolgt ist. Der Begriff »Hock«, wie der Rhein-Wein im englischsprachigen Raum auch genannt wird, hat seine Ursprünge in Hochheim. Queen Victoria bereiste 1845 den Rheingau sowie die Wein- und Sektstadt Hochheim. Sie war begeistert von Hochheim und seinen Weinbergen. Seit dieser Zeit wird der Hochheimer Wein in regelmäßigen Abständen ans englische Königshaus geliefert. Auch bei der royalen Hochzeit von William und Kate hatte das Königshaus Wein aus Hochheim bestellt.
→ **www.rheingau.com**

Tatsächlich gehörte dieser heutige Stadtteil von Wiesbaden zwischen 1913 und 1945 zu Mainz. Doch nach dem Zweiten Weltkrieg wurde Kostheim wieder von der amerikanischen Militärregierung unter die Verwaltung der Stadt Wiesbaden gestellt. Der Namenszusatz »Mainz-« blieb erhalten, trotz der politischen Zugehörigkeit zu Wiesbaden.

Vom direkt am Main-Radweg gelegenen Aussichtsturm hat man einen schönen Blick auf den einstigen Hafen Mainz-Kostheim und eine große Papierfabrik.

Von Mainz-Kostheim aus ist es nicht mehr weit bis zur Mainspitze. Dort mündet der Main in den Rhein.

Vor der »Bastion von Schönborn« kann man von der Strandbar aus am anderen Rheinufer den Mainzer Dom sehen.

Der Main-Radweg führt uns nun durch das Kostheimer Industriegebiet am einstigen **Fährhafen** entlang einer gigantischen **Papierfabrik,** in der Falthandtücher, Rollenhandtücher und Putzrollen aus Recyclingpapier produziert werden. Kurz danach erhebt sich linkerhand unseres Radwegs der **Aussichtsturm** am Fährhafen, den wir natürlich neugierig erklimmen.

In Kostheim stehen wir nun vor der Qual der Wahl: Entweder wir folgen den Wegweisern des Main-Radweges, die uns abseits des starken Verkehrs durch die Maaraue bis zum eigentlichen Ende des Main-Radwegs am S-Bahnhof Mainz-Kastel auf dem rechten Rheinufer führen. Damit aber unsere glorreiche Radtour nicht ganz so schmucklos an einem schäbigen Bahnhof endet, sei an dieser Stelle auf jeden Fall der Besuch der **»Bastion von Schönborn«** empfohlen.

Das Restaurant und die **Strandbar** liegen direkt am Kasteler Rheinufer. An den warmen Sommerabenden genießen die Menschen aus Mainz und Umgebung von hier aus den grandiosen Blick auf die Landeshauptstadt am anderen

Das heute »Die Reduit« genannte Gebäude in Mainz-Kastel diente ursprünglich als Reduit-Kaserne des Brückenkopfes Kastel der Bundesfestung Mainz. Heute ist es beliebter Treffpunkt von Einheimischen und Touristen.

Rheinufer – und das ganz entspannt von einer Sonnenliege aus. Für uns ein heldenhafter Lohn am Ende einer wunderschönen Radtour.

DAS REDUIT VON MAINZ-KASTEL — Direkt hinter dem Strandcafé am Rhein-Ufer bildet das Reduit von Mainz-Kastel eine imposante Kulisse. Es ist die einzige »Rundum-Verteidigungsanlage« entlang des Rheins. Erbaut wurde diese in den Jahren 1830 bis 1832 von einem österreichischen Ingenieur-General auf einem Fundament aus 1.800 Eichenpfählen auf sumpfigem Kies errichtet. Die Inschrift »Cura conförderationis conditum« (Aus Fürsorge des Bundes errichtet) erinnert an den Deutschen Bund, dem Mainz bis zu dessen Ende im Jahre 1866 angehörte.

Als Vorwerk für das Reduit wurde zeitgleich die bereits genannte ›Bastion von Schönborn‹ gebaut, nach der heute – wie bereits gesagt – die Strandbar benannt ist. Die Bastion diente dem zusätzlichen Schutz der südöstlichen Flanke von Befestigung und Schiffsbrücke. Zugleich war sie einst Anlegestelle für die Trajekt-Boote der Königlichen Eisenbahndirektion Frankfurt, die vor Fertigstellung der Mainzer Südbrücke dem Verkehr der Taunus-Eisenbahn zwischen Mainz und Kastel zur Weiterfahrt nach Frankfurt dienten.

Jene **Mainzer Südbrücke** bietet für Radtouristen die Möglichkeit, nach dem Besuch der **Mainspitze** den Rhein zu queren und in Richtung der Mainzer Innenstadt zu gelangen. Und ganz ehrlich: Erst ein Besuch der Mainspitze ist die wohlverdiente Krönung, gerade wenn man wirklich alle Etappen gefahren ist. Das sollten wir uns gönnen, auch wenn es eine Sackgasse ist. Wie aber gelangt man dorthin? Von Flörsheim kommend, queren wir in Kostheim unweit des Aussichtsturms am Mainhafen den Fluss ein allerletztes Mal, nun auf der Straßenbrücke der B43.

FOTO TIPP

Hier an der Mainspitze strömen im Durchschnitt pro Sekunde 225 Kubikmeter Wasser aus dem Main (hinten) in den Rhein. Dieser wird hinter der Mainmündung sprunghaft um 100 Meter breiter. (links und Mitte)

1 Dabei folgen wir auf dieser tatsächlich allerletzten Mainbrücke dem dort geleiteten Hessischen Fernradweg R6 hinüber nach **Gustavsburg.** Etwa 50 bis 60 Fracht- und Ausflugsschiffe steuern pro Tag vom nahen Rhein kommend Frankfurt an. Über insgesamt 34 Mainschleusen ist der Fluss bis Bamberg schiffbar. Und die Frachtschiffe werden immer größer. Waren die Schiffe früher 80 Meter lang und 8,20 Meter breit, so passieren heute 135 Meter lange und 14 Meter breite Schiffe die Schleusen. Rund 1.800 Euro kostet zum Beispiel eine Passage für ein Tankschiff, das 1.000 Tonnen Diesel vom Rhein über den Main zur Donau transportiert.

In Gustavsburg am anderen Ufer angekommen, biegen wir noch vor dem Kreisel nach rechts auf die von der Namensgebung richtungsweisende Straße »Auf der Mainspitze« ab und halten uns immer westwärts in Richtung Mainspitze. Dort fließt also zusammen, was der Rhein-Main-Region ihren Namen gegeben hat. Über 500 Kilometer nach den Quellgebieten im **Fichtelgebirge** und **Fränkischer Alb** werden die Wasser des Mains einfach und ohne großes Spektakel sanft vom Rhein aufgenommen. Voll Ehrfurcht erleben wir den erhabenen Moment der Vereinigung zweier bedeutender deutscher Flüsse.

Die 475 Meter lange Theodor-Heuss-Brücke ist die erste Brücke über den Rhein nach der Mainmündung. Sie verbindet die rheinland-pfälzische Landeshauptstadt Mainz mit der hessischen Landeshauptstadt Wiesbaden (Ortsbezirk Mainz-Kastel).

Vor der **Mündung** ist das Flussbett des Rheins über 350 Meter breit. Hinter der Mainspitze weitet sich der Strom um weitere 100 Meter. Eigentlich ist das kein Wunder, denn der Main ist an seinem Ende ebenfalls fast 150 Meter breit. Pro Sekunde strömen hier durchschnittlich 225 Kubikmeter Mainwasser in den Rhein.

Hinter diesem majestätischen Zusammenfluss liegt also die Landeshauptstadt **Mainz,** wo wir diese Etappe ausklingen lassen wollen. Nun gilt es, die letzten fünf Kilometer in Angriff zu nehmen. Wir packen unsere sieben Sachen, fahren knapp einen Kilometer zurück – dorthin, wo der Radweg direkt auf die nahe Eisenbahnlinie stößt. Auf dem schmalen Fußweg und Radstreifen der imposanten **Südbrücke** queren wir den stolzen Rhein und zugleich die Landesgrenze nach Rheinland-Pfalz.

Obwohl es für den regen Fußgänger- und Radverkehr recht eng ist, bleiben wir stehen und genießen den Panoramablick auf die Mainzer Uferpromenade, die Mainspitze und den am Reduit sowie an der Bastion von Schönborn am rechten Rheinufer vertäuten Dreimastschoner. Nach 100 Metern auf der von den vorbeidonnernden Güterzügen permanent erschütterten Brücke erreichen wir schließlich auf der linken Rheinseite Mainz.

Der 1.000 Jahre alte Mainzer Dom gilt als »ewige Baustelle«. Siebenmal abgebrannt, mehrfach beschossen, im Zweiten Weltkrieg bombardiert – doch wurde das Gotteshaus immer wieder aufgebaut.

2 Bereits von der Brücke aus haben wir den die Stadt-Silhouette bestimmenden Mainzer **Dom St. Martin** bestaunt, dem wir ganz gewiss einen Besuch abstatten werden. Empfehlenswert, weil wegen ihrer weltberühmten Kirchenfenster absolut außergewöhnlich, ist vor allem die **Pfarrkirche St. Stephan.** In den 1980er und 1990er Jahren noch ein Geheimtipp, haben sich die betörend schönen, von Marc Chagall gestalteten Kirchenfenster über Jahrzehnte zu einem Publikumsmagneten gemausert, der auch Touristen in die Kirche lockt, die für gewöhnlich andere Interessen haben.

Die ehemalige Stiftskirche stammt aus dem späten 10. Jahrhundert, während der heutige Bau hingegen zum Großteil im 13. und 14. Jahrhundert gebaut wurde. Durch die tief beeindruckenden Kirchenfenster des französischen Malers hat der Sakralbau an Strahlkraft gewonnen. In den Jahren von 1977 bis 1981 schuf Marc Chagall Bemerkenswertes und Einmaliges. In Zusammenarbeit mit dem Reimser Atelier Jacques Simon entstanden die Kirchenfenster, die das Kirchenschiff in ein betörendes blaues Licht setzen. Entstanden ist einer der stimmungsvollsten Orte der ganzen Stadt.

Freilich lädt ebenso ein Besuch des **Gutenberg-Museums** ein. Die Mainzer widmen ihrem womöglich größten Sohn, Johannes Gutenberg, seit 1900 ein eigenes Museum, das bis heute spannende Einblicke in die Geschichte des Buchdrucks ermöglicht. Doch auch ein weiteres außergewöhnliches Museum lädt gerade zum Abschluss einer Main-Radtour ein.

Im **Museum für antike Schifffahrt** lässt sich die Vielfalt und Präzision der historischen Schiffsbaukunst hautnah erleben und so kann man den Geheimnissen altertümlicher Kanus sowie Handels- und Kriegsschiffe auf den Grund gehen. Anschließend kann man gemütlich durch die Altstadt bummeln und sogar noch den Dom besichtigen – der krönende Abschluss!

Gaststätte / Restaurant / Einkehr
Bootshaus Mainz (große Außenterrasse)
des Mainzer Rudervereins 1878
Victor-Hugo-Ufer 1, 55116 Mainz
www.bootshausmainz.de, Tel.: 06131-1438700

Hotel / Pension / Unterkunft
Jugendherberge (wird modernisiert – Wiedereröffnung 1. Juni 2023)
Otto-Brunfels-Schneise 4, 55130 Mainz
www.jugendherberge.de, Tel.: 06131-85332

Die von Marc Chagall gestalteten Kirchenfenster in der Pfarrkirche St. Stephan tauchen das Kirchenschiff in ein magisches Licht.

3

AUTOR

Matthias Pieren lebt seit bald 40 Jahren im Rhein-Main-Gebiet, von denen er bereits seit über 20 Jahren als Journalist im Auftrag von Tageszeitungen und Fachzeitschriften rund um Frankfurt sowie rechts und links des Mains beruflich im Einsatz ist. Als passionierter Radfahrer ist er nun dem bedeutendsten Fluss, der seine zweite Heimat durchströmt, auf den Grund gegangen – besser gesagt: er hat den Main von seinen Ursprüngen aus quer durch Franken bis zur Mündung per Pedale »erradelt«.

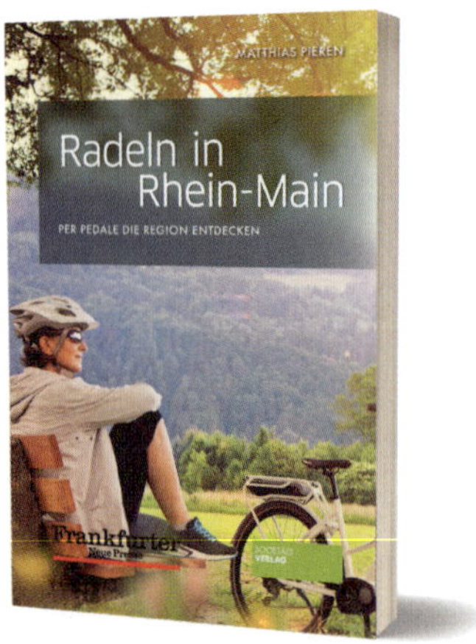

Radeln in Rhein-Main
ISBN 978-3-95542-322-3
18,00 €

Hinterm Feldberg geht's weiter
ISBN 978-3-95542-436-7
15,00 €

BILDNACHWEIS

Alle Abbildungen von Matthias Pieren, außer:
S. 20: www.kulmbacher-moenchshof.de (Udo Bernhart)
S. 21: Tourismus und Veranstaltungsservice der Stadt Kulmbach
S. 22: www.kulmbacher-moenchshof.de (auch Karte S.18)
S. 23: www.kulmbacher-moenchshof.de (oben)
S. 23: Tourismus und Veranstaltungsservice der Stadt Kulmbach (unten)
S. 29: www.fichtelgebirge.bayern (auch Karte S.18)
S. 57: Weingut Hirn
S. 84/85: www.schloesser.bayern.de (Konrad Rainer)
S. 87: www.hotel-mainpromenade.de (unten rechts)
S. 105: Burglandschaft e.V.
S. 106: Burglandschaft e.V. (Michael Seiterle, unten)
S. 123: Björn Lauer (oben und unten)
S. 131: Bruno Dorn
S. 132: www.frankfurt-tourismus.de (©#visitfrankfurt / Sabine Gnau)
S. 132: Björn Lauer (links oben)
S. 136: www.floersheim-main.de / www.mainportal.de (oben)
S. 140: www.mainportal.de (rechts oben)
S. 141: www.mainportal.de
S. 142: www.floersheim-main.de
S. 143: www.floersheim-main.de
S. 144: www.floersheim-main.de (unten)

Zeichnungen und Karten: Societäts-Verlag/Bruno Dorn

RADSPORTHAUS
KRIEGELSTEIN
GmbH
MEISTERBETRIEB SEIT 1925
Vereinbaren Sie Ihre
persönliche E-Bike-Beratung.
RADSPORTHAUS
KRIEGELSTEIN
GmbH
Hofheimer Str. 5
65931 FFM–Zeilsheim
Telefon 069 / 36 52 38
www.radsporthaus-kriegelstein.de